# ISLASE KOKKURAAMAT

100 retsepti India, Atlandi ja Vaikse ookeani saartelt

Marika Kaasik

Autoriõigus materjal ©2024

Kõik õigused kaitstud

Ühtegi selle raamatu osa ei tohi mingil kujul ega vahenditega kasutada ega edastada ilma kirjastaja ja autoriõiguse omaniku nõuetekohase kirjaliku nõusolekuta, välja arvatud ülevaates kasutatud lühikesed tsitaadid. Seda raamatut ei tohiks pidada meditsiiniliste, juriidiliste või muude professionaalsete nõuannete asendajaks.

# SISUKORD

**SISUKORD** .................................................................................................. 3
**SISSEJUHATUS** ........................................................................................... 7
**ATLANDI OOKEAN** ..................................................................................... 8
    1. Värske Atlandi lõhe sauté ................................................................. 9
    2. Atlandi mereannid Paella ................................................................ 11
    3. Thieboudienne/Chebu jën ............................................................... 13
    4. Klassikaline New Yorgi merekarp ................................................... 16
    5. Atlandi tursa kala tacos .................................................................. 18
    6. Praetud austrid ................................................................................ 20
    7. Sherry krevetid ................................................................................ 22
    8. Atlandi sinise krabi koogid .............................................................. 24
    9. Krevettide röstsai ............................................................................ 26
    10. Atlandi mõõkkala kebab ............................................................... 28
    11. Spinati ja feta hommikusöögipakend ........................................... 30
    12. Vahemere tuunikala ja valge oa salat ......................................... 32
    13. Küpsetatud lõhe ............................................................................ 34
    14. Atlandi sinikala Ceviche ............................................................... 36
    15. Prae krevetid ja spinat .................................................................. 38
    16. Trail Mix ......................................................................................... 40
    17. Grillitud Atlandi lõhe .................................................................... 42
    18. Atlandi merekarp Linguine .......................................................... 44
    19. Atlandi homaari rull ..................................................................... 46
**VAIKNE OOKEAN** ..................................................................................... 48
    20. Vaikse ookeani Ahi Poke Kaussi .................................................. 49
    21. Vaikse ookeani hiidlesta tacos .................................................... 51
    22. Vaikse ookeani lõhe teriyaki vardas ........................................... 53
    23. Pacific Dungenessi krabisalat ...................................................... 55
    24. Vaikse ookeani paella .................................................................. 57
    25. Valge kala Ceviche ....................................................................... 59
    26. Vürtsikas marineeritud Ceviche .................................................. 61
    27. Must merekarp Ceviche ............................................................... 63

28. Trucha a la Plancha / Grillitud forell ......... 66
29. Parihuela/mereandide supp ......... 68
30. Krevetipuder ......... 71
31. Kalakoor ......... 74
32. Mereandide riis ......... 77
33. Marineeritud kala ......... 80
34. Lilla maisipuding ......... 83
35. Coca tee ......... 85
36. Quinoa puding ......... 87
37. Praetud jahubanaanid ......... 89
38. Yuca friikartulid ......... 91
39. Lima oad koriandri kastmes ......... 93
40. Lambahautis ......... 95
41. Adobo/Marineeritud sealihahautis ......... 98
42. Grillitud veisesüda Vardad ......... 100

## INDIA OOKEAN ......... 102

43. Chevda ......... 103
44. Keenia Nyama Choma ......... 106
45. Kalahautis ......... 108
46. Ingveriõlu ......... 110
47. Masala omlett ......... 112
48. Ch ai Jahedam ......... 114
49. Lillkapsatäidisega Paratha ......... 116
50. Spinatiga täidetud leib ......... 118
51. Soolane krakitud nisu india pähklitega ......... 120
52. Chai vürtsikas kuum šokolaad ......... 123
53. Kikerhernejahust krepid ......... 125
54. Nisu kreemjas kreem ......... 127
55. Masala Tofu rüselus ......... 129
56. Magusad pannkoogid ......... 131
57. Chai Piim puder ......... 133
58. Vürtsitud pliidipopkorn ......... 135
59. Röstitud Masala pähklid ......... 137
60. Chai-vürtsiga röstitud mandlid ja india pähklid ......... 139
61. Küpsetatud köögiviljade ruudud ......... 141
62. Chai vürtsidega röstitud pähklid ......... 144

63. Röstitud baklažaanid ... 146
64. Vürtsikad bataadikotletid ... 149
65. Sharoni köögiviljasalati võileivad ... 152
66. Sojajogurt Raita ... 154
67. Maitsestatud tofu ja tomatid ... 156
68. Köömne kartulihash ... 158
69. Sinepiseemnekartuli räsi ... 160
70. Kapsas sinepiseemnete ja kookospähkliga ... 162
71. Oad kartulitega ... 164
72. Baklažaan kartuliga ... 166
73. Põhiline köögiviljakarri ... 169
74. Masala rooskapsas ... 171
75. Peet sinepiseemnete ja kookospähkliga ... 173
76. Riivitud Masala squash ... 175
77. Krabisev Okra ... 177
78. Maitsestatud roheline supp ... 179
79. Kartuli-, lillkapsa- ja tomatikarri ... 181
80. Vürtsidega läätsesupp ... 183
81. Tomati ja köömne supp ... 185
82. Vürtskõrvitsasupp ... 187
83. Vürtsikas tomati Rasam ... 189
84. Koriandri ja piparmündi supp ... 191
85. Kõrvitsa karri vürtsikate seemnetega ... 193
86. Tamarindi kalakarri ... 195
87. Lõhe safranimaitselises karris ... 197
88. Okra karri ... 199
89. Taimne kookoskarri ... 201
90. Kapsa karri ... 203
91. Lillkapsa karri ... 205
92. Lillkapsa ja kartuli karri ... 207
93. Kõrvitsa karri ... 209
94. Prae köögiviljad segades ... 211
95. Tomati karri ... 213
96. Valge kõrvitsa karri ... 215
97. Köögivilja- ja läätsekarri segu ... 217
98. Ananassi-ingveri mahl ... 219
99. Passioni puuviljamahl ... 221

100. Tilapia Fry................................................................................................ 223
## KOKKUVÕTE...................................................................................225

# SISSEJUHATUS

Alustage kulinaarset reisi üle tohutute ja mitmekesiste ookeanide kogumikuga " Islase Kokkuraamat", mis toob teieni 100 oivalist retsepti India, Atlandi ookeani ja Vaikse ookeani saartelt. See kokaraamat on teie pass rikkalikule maitsevaibale, mis määratleb saarte gastronoomilisi imesid, mis asuvad üle nende võimsate ookeanide. Liituge meiega, kui tähistame mitmekesisust, traditsioone ja ainulaadseid kulinaarseid kogemusi, mis muudavad saare köögi tõeliseks aardeks.

Kujutlege päikesepaistelisi randu, ookeanilainete rütmilisi helisid ja elavaid turge, mis on täidetud värskete troopiliste koostisosadega. " Islase Kokkuraamat " ei ole ainult retseptide kogum; see on erinevate maitsete uurimine, mis tulenevad kultuuride, maastike lähenemisest ja ookeanide rikkalikkusest. Ükskõik, kas unistate India ookeani vürtsikatest roogadest, Atlandi ookeani saarte mereandidest või Vaikse ookeani saarte troopilistest maitsetest, need retseptid on loodud selleks, et viia teid saareelu südamesse.

Alates aromaatsetest karridest kuni grillitud mereandide söömiseni ja värskendavatest kokteilidest kuni dekadentlike magustoitudeni – iga retsept tähistab saarte ainulaadset kulinaarset pärandit. Olenemata sellest, kas plaanite troopilist pidusööki, loote puhkusereisi lemmiktoite või soovite lihtsalt lisada oma igapäevamenüüsse saarehõngu, on " Islase Kokkuraamat " teie allikas, mille abil saate jäädvustada saarel elamise olemust. köök.

Liituge meiega, kui sukeldume ookeanidesse, uurime saareelu elavat kultuuri ja naudime erakordseid maitseid, mis muudavad saare köögi unustamatuks kogemuseks. Niisiis, koguge kokku oma eksootilised vürtsid, võtke omaks troopiliste puuviljade värskus ja asume kulinaarsele teekonnale läbi " Islase Kokkuraamat ".

# ATLANDI OOKEAN

1.Värske Atlandi lõhe sauté

**KOOSTISOSAD:**
- 3 Lõhefileed
- 1 supilusikatäis Või
- ¼ teelusikatäit soola
- ½ tassi Maitsestatud jahu
- 1 supilusikatäis Tükeldatud tomat
- 1 supilusikatäis Tükeldatud roheline sibul
- 1 supilusikatäis Viilutatud seened
- 2 supilusikatäit Valge keeduvein
- ½ Väikese sidruni mahl
- 2 supilusikatäit Pehme või

**JUHISED:**
a) Lõika lõhe õhukesteks viiludeks. Maitsesta lõhe soolaga ja puista jahusse.
b) Prae mõlemalt poolt kiiresti võis ja eemalda. Lisa viilutatud seened, tomat, roheline sibul, sidrunimahl ja valge vein.
c) Vähenda kuumust umbes 30 sekundiks. Sega juurde või ja serveeri kastet lõhele.

## 2.Atlandi mereannid Paella

**KOOSTISOSAD:**
- 1 tass Arborio riisi
- 1/2 naela krevetid, kooritud ja tükeldatud
- 1/2 naela rannakarbid, puhastatud
- 1/2 naela kalmaari, puhastatud ja viilutatud
- 1 sibul, tükeldatud
- 2 tomatit, tükeldatud
- 3 küüslauguküünt, hakitud
- 2 tassi kana puljongit
- 1 tl safrani niidid
- 1/2 tl suitsupaprikat
- Sool ja pipar maitse järgi

**JUHISED:**
a) Prae paella pannil sibul ja küüslauk pehmeks.
b) Lisage 2 minutit segades tomatid, riis, safran ja paprika.
c) Vala kanapuljong ja lase keema tõusta.
d) Asetage krevetid, rannakarbid ja kalmaar riisi peale.
e) Katke ja küpseta, kuni riis on pehme ja mereannid läbi küpsenud.

## 3. Thieboudienne/Chebu jën

**KOOSTISOSAD:**
- 2 naela Terve kala (või filee, vaata variatsioone), puhastatud
- 1/4 tassi peterselli, peeneks hakitud
- 2 või 3 kuuma tšillipipart, peeneks hakitud
- 2 või 3 küünt Küüslauk, hakitud
- Maitsestamiseks soola ja pipart
- 1/4 tassi maapähkli-, punase palmi- või taimeõli
- 2 sibulat, hakitud
- 1/4 tassi tomatipastat
- 5 tassi puljongit või vett
- 3 Porgand, lõigatud ringideks
- 1/2 pea Kapsas, viiludeks lõigatud
- 1/2 naela kõrvitsat või suvikõrvitsat, kooritud ja kuubikuteks lõigatud
- 1 baklažaan, kuubikuteks
- 2 tassi riisi
- Maitsestamiseks soola ja pipart
- 3 sidrunit, viiludeks lõigatud

**JUHISED:**

a) Loputage kala seest ja väljast jaheda veega ning kuivatage. Lõigake kala mõlemale küljele kolm umbes 1/2 tolli sügavust diagonaalset kaldkriipsu. Sega hakitud petersell, tšillipipar, küüslauk, sool ja pipar ning topi segu (nn roff) kala kaldkriipsudesse.

b) Kuumuta õli suures sügavas potis keskmisel-kõrgel tulel. Pruunista kala mõlemalt poolt kuumas õlis ja tõsta taldrikule.

c) Lisage tükeldatud sibul kuumale õlile ja prae 5–7 minutit, kuni see on läbiküpsenud ja hakkab just pruunistuma. Segage tomatipasta ja umbes 1/4 tassi vett ning keetke veel 2–3 minutit.

d) Segage puljong või vesi, porgand, kapsas, kõrvits ja baklažaan ning hautage keskmisel kuumusel 35–45 minutit või kuni köögiviljad on küpsed ja pehmed. Lisa pruunistatud kala ja hauta veel umbes 15 minutit. Tõsta kala ja köögiviljad ning umbes 1 tass puljongit vaagnale, kata kinni ja pane sooja ahju.

e) Kurna järelejäänud puljong, visake ära kuivained. Lisa puljongile 4 tassi valmistamiseks piisavalt vett ja kuumuta uuesti. Aja puljong keema, sega juurde riis ning maitsesta soola ja pipraga. Alandage kuumust keskmisele madalale, katke kaanega ja hautage 20 minutit või kuni riis on läbiküpsenud ja pehme.

f) Laota keedetud riis suurele serveerimisvaagnale, sealhulgas panni põhja külge kleepunud krõbedad tükid (xooñ). Laota köögiviljad riisi keskele ja tõsta peale kala. Viimasena vala reserveeritud puljong kõige peale. Serveeri sidruniviiludega. Traditsiooniliselt süüakse Ceebu jeni kätega ühisest serveerimisnõust.

## 4. Klassikaline New Yorgi merekarp

**KOOSTISOSAD:**
- 2 viilu peekonit, tükeldatud
- 1 sibul, hakitud
- 2 porgandit, tükeldatud
- 2 sellerivart, tükeldatud
- 2 küüslauguküünt, hakitud
- 1 tl kuivatatud tüümiani
- 3 tassi tükeldatud kartulit
- 2 purki (igaüks 10 untsi) tükeldatud karbid mahlaga
- 1 purk (28 untsi) purustatud tomateid
- 2 tassi kana- või köögiviljapuljongit
- Sool ja pipar maitse järgi

**JUHISED:**
a) Küpseta suures potis peekon krõbedaks. Lisa sibul, porgand, seller ja küüslauk. Küpseta, kuni köögiviljad on pehmed.
b) Sega juurde tüümian, kartul, merekarp

## 5.Atlandi tursa kala tacos

**KOOSTISOSAD:**
- 1 nael Atlandi tursafileed
- 1 tass universaalset jahu
- 1 tl tšillipulbrit
- 1/2 tl köömneid
- 1 tass hakitud kapsast
- 1/2 tassi kuubikuteks lõigatud tomateid
- 1/4 tassi hakitud koriandrit
- Laimi viilud
- Maisi tortillad

**JUHISED:**
a) Sega kausis jahu, tšillipulber ja köömned.
b) Tõsta tursafileed jahusegusse, raputades üleliigne maha.
c) Prae tursk õlis pannil kuldpruuniks ja läbiküpseks.
d) Soojendage tortillasid ja pange tacod kokku tursa, kapsa, tomatite ja koriandriga.
e) Serveeri koos laimiviiludega.

6.Praetud austrid

**KOOSTISOSAD:**
- 1 pint värskeid austreid
- 1 tass jahu
- 1/2 teelusikatäit soola
- 1/4 tl musta pipart
- 2 muna, lahtiklopitud
- 1/4 tassi piima
- Õli, praadimiseks

**JUHISED:**
a) Loputage austrid ja kuivatage need paberrätikuga.
b) Sega kausis jahu, sool ja pipar.
c) Vahusta teises kausis munad ja piim.
d) Kasta austrid jahusegusse, seejärel munasegusse ja siis tagasi jahusegusse.
e) Kuumuta õli sügaval pannil keskmisel-kõrgel kuumusel.
f) Prae austreid kuumas õlis mõlemalt poolt kuldpruuniks.
g) Nõruta paberrätikutel ja serveeri kuumalt.

## 7.Sherry krevetid

**KOOSTISOSAD:**
- ½ pulga võid
- 5 küüslauguküünt, purustatud
- 1-1½ naela krevette; kestad ja moonutatud
- ¼ tassi värsket sidrunimahla
- ¼ teelusikatäit pipart
- 1 tass keedušerrit
- 2 spl hakitud peterselli
- 2 spl hakitud murulauku
- Soola maitse järgi

**JUHISED:**
a) Sulata või pannil keskmisel kuumusel. Lisa küüslauk, krevetid, sidrunimahl ja pipar.
b) Küpseta segades, kuni krevetid muutuvad roosaks (umbes minutit).
c) Lisa keedušerri, petersell ja murulauk. Lase lihtsalt keema.
d) Serveeri kohe keedetud riisi peal.
e) Kaunista sidruniga.

## 8.Atlandi sinise krabi koogid

**KOOSTISOSAD:**
- 1 nael Atlandi sinise krabi liha
- 1/2 tassi riivsaia
- 1/4 tassi majoneesi
- 1 spl Dijoni sinepit
- 1 muna, lahtiklopitud
- 2 spl hakitud peterselli
- Sool ja pipar maitse järgi
- Serveerimiseks sidruniviilud

**JUHISED:**
a) Sega kausis krabiliha, riivsai, majonees, sinep, muna, petersell, sool ja pipar.
b) Vormi segust krabikoogid.
c) Kuumuta pannil õli ja küpseta krabikoogid mõlemalt poolt kuldpruuniks.
d) Serveeri sidruniviiludega.

9.Krevettide röstsai

**KOOSTISOSAD:**
- 6 inglise muffinit, röstitud ja poolitatud
- 4½ untsi konserveeritud krevette, nõrutatud
- 2½ supilusikatäit majoneesi
- Küüslaugupulber maitse järgi
- 1 pulk margariini
- 1 purk KRAFT "vana inglise" juustu

**JUHISED:**
a) Sega kuumal läbi ja määri muffinipoolikutele.
b) Prae kuldseks ja lõika 4 pooleks.
c) Saate seda ette valmistada ja külmutada.

## 10.Atlandi mõõkkala kebab

**KOOSTISOSAD:**
- 1 nael Atlandi mõõkkala, tükkideks lõigatud
- 1 paprika, lõigatud tükkideks
- 1 punane sibul, tükkideks lõigatud
- kirsstomatid
- 1/4 tassi oliiviõli
- 2 spl sidrunimahla
- 2 tl kuivatatud pune
- Sool ja pipar maitse järgi

**JUHISED:**
a) Kuumuta grill keskmisel-kõrgel kuumusel.
b) Lõika varrastele mõõkkala, paprika, punane sibul ja kirsstomatid.
c) Vahusta kausis oliiviõli, sidrunimahl, pune, sool ja pipar.
d) Grilli kebabe 8-10 minutit, aeg-ajalt keerates ja oliiviõli seguga üle pestes.
e) Serveeri kuumalt.

## 11.Spinati ja feta hommikusöögipakend

**KOOSTISOSAD:**
- 2 suurt muna
- 1 tass värskeid spinati lehti
- 2 spl murendatud fetajuustu
- 1 täistera nisu tortilla
- 1 spl oliiviõli
- Sool ja pipar maitse järgi

**JUHISED:**
a) Kuumuta oliiviõli pannil keskmisel kuumusel.
b) Lisa värsked spinatilehed ja keeda närbumiseni.
c) Vahusta kausis munad ja vahusta need pannil koos spinatiga.
d) Puista munadele fetajuust ja küpseta, kuni see on kergelt sulanud.
e) Aseta muna-spinati segu täistera nisutortillasse, keera kokku ja serveeri ümbrisena.

## 12.Vahemere tuunikala ja valge oa salat

**KOOSTISOSAD:**
- 1 purk (6 untsi) tuunikala vees, nõrutatud
- 1 purk (15 untsi) valgeid ube, nõrutatud ja loputatud
- ½ tassi kirsstomateid, poolitatud
- ¼ tassi punast sibulat, peeneks hakitud
- 2 spl värsket basiilikut, hakitud
- 2 spl ekstra neitsioliiviõli
- 1 spl punase veini äädikat
- 1 küüslauguküüs, hakitud
- Sool ja pipar maitse järgi

**JUHISED:**
a) Sega kausis nõrutatud tuunikala, valged oad, kirsstomatid, punane sibul ja värske basiilik.
b) Vahusta väikeses kausis oliiviõli, punase veini äädikas, hakitud küüslauk, sool ja pipar.
c) Nirista kaste salatile ja sega kokku.
d) Serveeri seda Vahemere tuunikala ja valge oa salatit maitsva ja valgurikka lõunasöögina.

## 13.Küpsetatud lõhe

**KOOSTISOSAD:**
**KÜPSETUSLÕHE KOHTA:**
- 2 lõhefileed (igaüks 6 untsi)
- 2 küüslauguküünt, hakitud
- 2 spl ekstra neitsioliiviõli
- 1 sidrun, mahl
- 1 tl kuivatatud pune
- Sool ja pipar maitse järgi

**KREEKA SALATI JAOKS:**
- 1 kurk, tükeldatud
- 1 tass kirsstomateid, poolitatud
- ½ punast sibulat, peeneks hakitud
- ¼ tassi Kalamata oliive, kivideta ja viilutatud
- ¼ tassi murendatud fetajuustu
- 2 spl ekstra neitsioliiviõli
- 2 spl punase veini äädikat
- 1 tl kuivatatud pune
- Sool ja pipar maitse järgi

**JUHISED:**
**KÜPSETUSLÕHE KOHTA:**
a) Kuumuta ahi temperatuurini 375 °F (190 °C).
b) Vahusta väikeses kausis hakitud küüslauk, ekstra neitsioliiviõli, sidrunimahl, kuivatatud pune, sool ja pipar.
c) Tõsta lõhefileed küpsetuspaberiga kaetud ahjuplaadile.
d) Pintselda lõhet sidruni ja küüslaugu seguga.
e) Küpseta 15-20 minutit või kuni lõhe kahvliga kergelt lahti lööb.

**KREEKA SALATI JAOKS:**
f) Sega suures salatikausis kuubikuteks lõigatud kurk, kirsstomatid, punane sibul, Kalamata oliivid ja murendatud fetajuust.
g) Sega väikeses kausis kokku ekstra neitsioliiviõli, punase veini äädikas, kuivatatud pune, sool ja pipar.
h) Nirista kaste salatile ja sega kokku.
i) Serveeri küpsetatud lõhet Kreeka salati kõrvale.

## 14. Atlandi sinikala Ceviche

**KOOSTISOSAD:**
- 1 nael Atlandi sinise kala filee, kuubikuteks
- 1 tass laimimahla
- 1 punane sibul, peeneks hakitud
- 1 kurk, tükeldatud
- 1 jalapeño, seemnetest puhastatud ja hakitud
- 1/4 tassi hakitud koriandrit
- Sool ja pipar maitse järgi
- Tortillakrõpsud serveerimiseks

**JUHISED:**
a) Sega kausis sinikalad, laimimahl, sibul, kurk, jalapeño, koriander, sool ja pipar.
b) Tõsta vähemalt 1 tunniks külmkappi, et kala saaks tsitruseliste mahlas "küpseda".
c) Serveeri jahutatult koos tortillakrõpsudega.

## 15. Prae krevetid ja spinat

**KOOSTISOSAD:**
- 8 untsi suured krevetid, kooritud ja tükeldatud
- 2 spl ekstra neitsioliiviõli
- 2 küüslauguküünt, hakitud
- 6 tassi värsket spinatit
- ½ tassi kirsstomateid, poolitatud
- 1 spl sidrunimahla
- ½ tl kuivatatud oreganot
- Sool ja pipar maitse järgi
- 1 kuni 2 suvikõrvitsat poolitatud pikuti, viilutatud pooleks kuuks
- 1 kl keedetud kikerherneid konserveeritud kikerhernestest, nõrutatud
- Feta juustu murenemine (valikuline)
- Peotäis värskeid basiilikulehti, rebitud

**JUHISED:**
a) Kuumuta suurel pannil ekstra neitsioliiviõli keskmisel-kõrgel kuumusel.
b) Lisa hakitud küüslauk ja prae umbes 30 sekundit, kuni see lõhnab.
c) Lisa suvikõrvitsaviilud ja küpseta 3-4 minutit või kuni need hakkavad pehmenema ja kergelt pruunistuma.
d) Lükake suvikõrvits pannile ja lisage krevetid.
e) Küpseta 2–3 minutit mõlemalt poolt või kuni need muutuvad roosaks ja läbipaistmatuks.
f) Lisa pannile kikerherned, kirsstomatid ja värske spinat. Prae kuni spinat närbub ja tomatid pehmenevad.
g) Nirista peale sidrunimahla ja puista üle kuivatatud pune, soola ja pipraga.
h) Segage ja küpseta veel minut.
i) Soovi korral puista enne serveerimist üle fetajuustupuru ja rebitud värskeid basiilikulehti.

## 16. Trail Mix

**KOOSTISOSAD:**
- 1 tass tooreid mandleid
- 1 tass tooreid india pähkleid
- 1 tass soolamata pistaatsiapähklid
- ½ tassi kuivatatud aprikoose, tükeldatud
- ½ tassi kuivatatud viigimarju, tükeldatud
- ¼ tassi kuldseid rosinaid
- ¼ tassi päikesekuivatatud tomateid, tükeldatud
- 1 spl oliiviõli
- ½ tl jahvatatud köömneid
- ½ tl paprikat
- ¼ teelusikatäit meresoola
- ¼ tl musta pipart

**JUHISED:**
a) Kuumuta ahi temperatuurini 325 ° F (163 ° C).
b) Segage suures kausis mandlid, india pähklid ja pistaatsiapähklid.
c) Sega väikeses kausis oliiviõli, jahvatatud köömned, paprika, meresool ja must pipar.
d) Nirista vürtsisegu pähklitele ja viska ühtlaseks katteks.
e) Laota maitsestatud pähklid ühe kihina ahjuplaadile.
f) Rösti pähkleid eelkuumutatud ahjus 10-15 minutit või kuni need on kergelt röstitud. Ühtlase röstimise tagamiseks segage neid aeg-ajalt.
g) Kui pähklid on röstitud, eemaldage need ahjust ja laske täielikult jahtuda.
h) Segage suures segamiskausis röstitud pähklid hakitud kuivatatud aprikooside, viigimarjade, kuldsete rosinate ja päikesekuivatatud tomatitega.
i) Segage kõik kokku, et luua oma Vahemere radade segu.
j) Säilitage rajasegu õhukindlas anumas, et liikvel olles näksida.

### 17.Grillitud Atlandi lõhe

**KOOSTISOSAD:**
- 4 Atlandi lõhefileed
- 2 spl oliivõli
- 2 küüslauguküünt, hakitud
- 1 tl sidrunikoort
- 1 spl sidrunimahla
- Sool ja pipar maitse järgi

**JUHISED:**
a) Kuumuta grill keskmisel-kõrgel kuumusel.
b) Sega väikeses kausis oliivõli, hakitud küüslauk, sidrunikoor, sidrunimahl, sool ja pipar.
c) Pintselda seguga lõhefileed.
d) Grilli lõhet 4-5 minutit mõlemalt poolt või kuni see kahvliga kergelt helbeks läheb.
e) Serveeri kuumalt oma lemmiklisanditega.

## 18.Atlandi merekarp Linguine

**KOOSTISOSAD:**
- 1 nael linguine pasta
- 2 tosinat Atlandi merekarpi, nühitud
- 3 supilusikatäit oliiviõli
- 4 küüslauguküünt, hakitud
- 1/2 tl punase pipra helbeid
- 1/2 tassi kuiva valget veini
- 1/4 tassi hakitud värsket peterselli
- Sool ja must pipar maitse järgi

**JUHISED:**
a) Küpseta linguine vastavalt pakendi juhistele.
b) Kuumuta suurel pannil oliiviõli ning prae küüslaugu ja punase pipra helbed lõhnavaks.
c) Lisa karbid ja valge vein, kata kaanega ja küpseta, kuni karbid avanevad.
d) Viska sisse keedetud linguine, petersell, sool ja pipar.
e) Serveeri kohe.

## 19.Atlandi homaari rull

**KOOSTISOSAD:**
- 1 nael keedetud Atlandi homaari liha, tükeldatud
- 1/4 tassi majoneesi
- 2 spl sidrunimahla
- 2 sellerivart, peeneks hakitud
- Sool ja pipar maitse järgi
- Võiga määritud ja röstitud poolitatud hot dogi kuklid

**JUHISED:**
a) Sega kausis homaari liha, majonees, sidrunimahl, seller, sool ja pipar.
b) Täida röstitud kuklid homaariseguga.
c) Klassikalise homaarirulli elamuse saamiseks serveeri kohe.

# VAIKNE OOKEAN

20.Vaikse ookeani Ahi Poke Kaussi

**KOOSTISOSAD:**
- 1 nael värsket Vaikse ookeani ahi tuunikala, kuubikutena
- 1/4 tassi sojakastet
- 1 spl seesamiõli
- 1 spl riisiäädikat
- 1 tl riivitud ingverit
- 2 rohelist sibulat, õhukeselt viilutatud
- 1 avokaado, tükeldatud
- 1 tass sushiriisi, keedetud
- Kaunistuseks seesamiseemned

**JUHISED:**
a) Sega kausis sojakaste, seesamiõli, riisiäädikas ja riivitud ingver.
b) Viska kuubikuteks lõigatud tuunikala õrnalt kastmesse.
c) Pane kaussi kokku sushiriis, marineeritud tuunikala, viilutatud rohelise sibula, kuubikuteks lõigatud avokaado ja puista seesamiseemnetega.
d) Serveeri kohe.

## 21.Vaikse ookeani hiidlesta tacos

**KOOSTISOSAD:**
- 1 nael vaikse ookeani hiidlesta fileed
- 1/2 tassi jahu
- 1 tl tšillipulbrit
- 1/2 tl köömneid
- 1 tass hakitud kapsast
- 1/2 tassi kuubikuteks lõigatud ananassi
- 1/4 tassi koriandrit, tükeldatud
- Laimi viilud
- Maisi tortillad

**JUHISED:**
a) Sega kausis jahu, tšillipulber ja köömned.
b) Suru paltusfileed jahusegusse, raputades üleliigne maha.
c) Prae hiidlest õlis pannil kuldpruuniks ja läbiküpseks.
d) Soojendage tortillasid ja pange tacod kokku keedetud hiidlesta, hakitud kapsa, kuubikuteks lõigatud ananassi ja koriandriga.
e) Serveeri koos laimiviiludega.

## 22. Vaikse ookeani lõhe teriyaki vardas

**KOOSTISOSAD:**
- 1 nael Vaikse ookeani lõhefileed, lõigatud kuubikuteks
- 1/4 tassi sojakastet
- 2 supilusikatäit mirini
- 1 spl mett
- 1 tl riivitud küüslauku
- 1 tl riivitud ingverit
- Puidust vardas, vees leotatud

**JUHISED:**
a) Sega kausis kokku sojakaste, mirin, mesi, küüslauk ja ingver, et luua teriyaki kaste.
b) Lõika lõhekuubikud varrastele.
c) Grilli vardaid teriyaki kastmega üle, kuni lõhe on läbi küpsenud.
d) Serveeri kuumalt.

## 23. Pacific Dungenessi krabisalat

**KOOSTISOSAD:**
- 1 nael keedetud Pacific Dungenessi krabiliha
- 1/2 tassi majoneesi
- 1 spl Dijoni sinepit
- 1 sellerivars, peeneks hakitud
- 1 spl hakitud värsket tilli
- Sool ja pipar maitse järgi
- Serveerimiseks võid salatilehti

**JUHISED:**
a) Sega kausis krabiliha, majonees, Dijoni sinep, seller, till, sool ja pipar.
b) Tõsta krabisalat lusikaga võisalatilehtedesse.
c) Serveeri jahutatult.

## 24. Vaikse ookeani paella

**KOOSTISOSAD:**
- 4 kondita nahata kana rinnapoolikut
- 1 tl paprikat
- 1 tl soola
- ¼ tl musta pipart
- ¾ naela mahe Itaalia vorst
- 16 untsi konserveeritud tomateid, nõrutatud ja jämedalt tükeldatud (või 20 päikesekuivatatud tomatit, õlisse pakitud, nõrutatud ja tükeldatud)
- 2 purki kanapuljongit
- ½ tl kurkumit
- ¼ tl safranit
- 2 tassi riisi
- 1 suur sibul, viiludeks lõigatud
- 2 küüslauguküünt, hakitud
- 1 nael keskmisi krevette, kooritud, kooritud ja keedetud
- 1 roheline paprika, lõigatud ribadeks
- 10 rannakarpi, puhastatud ja aurutatud

**JUHISED:**
a) Lõika kana rinnad ½-tollisteks ribadeks. Sega väikeses kausis paprika, sool ja must pipar. Lisa kana ja sega, kuni kogu maitseaine on liha sisse segatud.
b) Lõika vorst ¼-tollisteks tükkideks ja eemalda ümbris.
c) Kui kasutate päikesekuivatatud tomateid, kuivatage tomatid paberrätikuga täielikult. Lisage kanapuljongile 3–¾ tassi valmistamiseks piisavalt vett. Kuumuta see segu 12-tollisel pannil keemiseni.
d) Segage kurkum, safran, riis, sibul, küüslauk, kana, vorst ja tomatid.
e) Kata pann kaanega ja hauta 20 minutit.
f) Eemaldage pann tulelt ja segage keedetud krevetid ja roheline pipar. Soovi korral tõsta peale rannakarbid.
g) Lase paellal kaetult seista, kuni kogu vedelik on imendunud, umbes 5 minutit.

## 25. Valge kala Ceviche

**KOOSTISOSAD:**
- 1 nael värsket valget kalafileed (nt lest või kalafileed), lõigatud hammustusesuurusteks tükkideks
- 1 tass värsket laimimahla
- 1 väike punane sibul, õhukeselt viilutatud
- 1-2 värsket rocoto või habanero paprikat, seemnetest puhastatud ja peeneks hakitud
- ½ tassi hakitud värsket koriandrit
- ¼ tassi hakitud värskeid piparmündi lehti
- 2 küüslauguküünt, hakitud
- Sool, maitse järgi
- Värskelt jahvatatud must pipar, maitse järgi
- 1 maguskartul, keedetud ja viilutatud
- 1 kõrv maisi, keedetud ja tuumad eemaldatud
- Salatilehed, serveerimiseks

**JUHISED:**
a) Segage mittereaktiivses kausis kalatükid laimimahlaga, veendudes, et kala oleks täielikult kaetud.
b) Lase umbes 20-30 minutit külmkapis marineerida, kuni kala muutub läbipaistmatuks.
c) Tühjendage kalalt laimimahl ja visake mahl välja.
d) Eraldi kausis segage marineeritud kala punase sibula, rocoto või habanero paprika, koriandri, piparmündi ja küüslauguga. Viska õrnalt kombineerimiseks.
e) Maitsesta soola ja värskelt jahvatatud musta pipraga maitse järgi. Reguleerige rocoto või habanero paprika kogust vastavalt soovitud vürtsikuse tasemele.
f) Lase ceviche'l veel 10-15 minutit külmkapis marineerida, et maitsed saaksid kokku sulada.
g) Serveerige ceviche'i jahutatult salatilehtedel, kaunistatud keedetud bataadi ja maisituumadega.

## 26.Vürtsikas marineeritud Ceviche

**KOOSTISOSAD:**
- 1 nael värsket kalafileed (nt lest, merikeel või snapper), õhukeseks viilutatud
- 3-4 laimi mahl
- 2 spl ají amarillo pasta
- 2 küüslauguküünt, hakitud
- 1 spl sojakastet
- 1 spl oliiviõli
- 1 tl suhkrut
- Sool, maitse järgi
- Pipar, maitse järgi
- Värske koriander, hakitud, kaunistuseks
- Kaunistuseks peeneks viilutatud punane sibul
- Kaunistuseks õhukeseks viilutatud rocoto pipar või punane tšillipipar

**JUHISED:**
a) Aseta õhukesteks viiludeks lõigatud kalafileed madalasse nõusse.
b) Sega kausis laimimahl, ají amarillo pasta, hakitud küüslauk, sojakaste, oliiviõli, suhkur, sool ja pipar. Vahusta ühtlaseks massiks.
c) Vala marinaad kalale, jälgides, et iga viil oleks ühtlaselt kaetud.
d) Lase kalal umbes 10-15 minutit külmkapis marineerida. Laimimahla happesus "küpsetab" kala kergelt.
e) Laota marineeritud kalaviilud serveerimisvaagnale.
f) Nirista kastmeks osa marinaadist kalale.

## 27.Must merekarp Ceviche

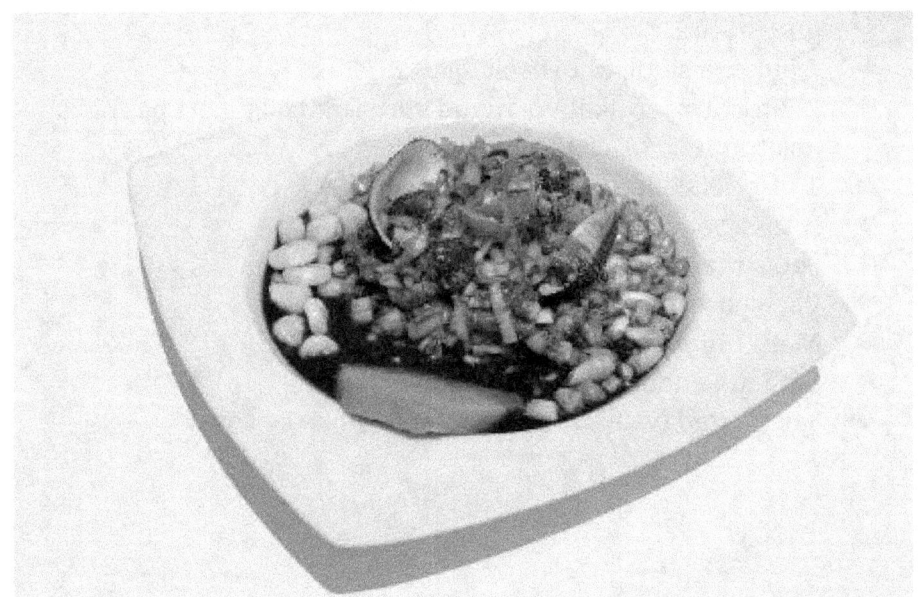

**KOOSTISOSAD:**
- 1 nael värskeid musti karpe (conchas negras), puhastatud ja purustatud
- 1 punane sibul, õhukeselt viilutatud
- 2-3 rocoto paprikat või muud vürtsikat tšillipipart peeneks hakituna
- 1 tass värskelt pressitud laimimahla
- ½ tassi värskelt pressitud sidrunimahla
- Soola maitse järgi
- Värsked koriandri lehed, tükeldatud
- Maisi tuumad (valikuline)
- Bataat, keedetud ja viilutatud (valikuline)
- Salatilehed (valikuline)

**JUHISED:**

a) Loputage mustad karbid põhjalikult külma vee all, et eemaldada liiv või kruus. Eemaldage karbid ettevaatlikult, visake koored ära ja säilitage liha. Haki merekarbi liha hammustuse suurusteks tükkideks.
b) Segage mittereaktiivses kausis tükeldatud mustad karbid, punase sibula viilud ja rocoto või tšillipipar.
c) Valage värskelt pressitud laimi- ja sidrunimahl merekarbi segule, tagades, et kõik koostisosad on tsitruselise mahlaga kaetud. See aitab karbid "küpsetada".
d) Maitsesta maitse järgi soolaga ja sega kõik õrnalt läbi.
e) Kata kauss kilega ja hoia umbes 30 minutit kuni 1 tund külmkapis. Selle aja jooksul marineerib tsitrusviljade mahla hape veelgi ja "küpsetab" karbid.
f) Enne serveerimist maitse ceviche'i ja vajadusel maitsesta.
g) Kaunista värskelt hakitud koriandri lehtedega.
h) Valikuline: serveerige ceviche'i keedetud maisiteradade, viilutatud maguskartulite ja salatilehtedega, et lisada tekstuuri ja lisandeid.
i) Märkus. Selle ceviche jaoks on oluline kasutada värskeid ja kvaliteetseid musti karpe. Veenduge, et karbid on pärit usaldusväärsetelt mereandide tarnijatelt ja need on enne kasutamist korralikult puhastatud.

## 28. Trucha a la Plancha / Grillitud forell

**KOOSTISOSAD:**
- 4 forellifileed, nahaga
- 2 supilusikatäit taimeõli
- 1 sidruni mahl
- Sool ja pipar maitse järgi
- Värsked ürdid (nt petersell või koriander), hakitud (valikuline)
- Serveerimiseks sidruniviilud

**JUHISED:**
a) Eelkuumuta grill või kuumuta suur pann keskmisel-kõrgel kuumusel.
b) Loputa forellifileed külma vee all ja patsuta paberrätikutega kuivaks.
c) Pintselda forellifileed mõlemalt poolt taimeõliga, tagades, et need on ühtlaselt kaetud.
d) Maitsesta fileed mõlemalt poolt soola, pipra ja sidrunimahla pigistamisega.
e) Aseta forellifileed, nahk allapoole, grillile või pannile.
f) Küpseta mõlemalt poolt umbes 3-4 minutit või kuni kala on läbipaistmatu ja kahvliga kergesti helvestub. Nahk peaks olema krõbe ja kuldpruun.
g) Tõsta forellifileed tulelt ja tõsta serveerimisvaagnale.
h) Puista värskeid ürte (kui kasutad) fileedele maitse andmiseks ja kaunistamiseks.
i) Serveerige Trucha a la Plancha/Grilled Forelli kuumalt koos sidruniviiludega kala peale pigistamiseks.
j) Söögi lõpetamiseks võite seda serveerida aurutatud köögiviljade, riisi või salatiga.

## 29.Parihuela/mereandide supp

**KOOSTISOSAD:**
- 1,1 naela segatud mereande (krevetid, kalmaar, rannakarbid, kaheksajalad jne)
- 1,1 naela valget kalafileed (nt merikeele, snapper või tursk)
- 1 sibul, peeneks hakitud
- 4 küüslauguküünt, hakitud
- 2 tomatit, kooritud ja tükeldatud
- 2 supilusikatäit tomatipastat
- 2 supilusikatäit taimeõli
- 1 supilusikatäis aji amarillo pasta
- 4 tassi kala- või mereandide puljongit
- 1 tass valget veini
- 1 tass vett
- 1 tl jahvatatud köömneid
- 1 tl kuivatatud pune
- ¼ tassi hakitud koriandrit
- Sool ja pipar maitse järgi

**JUHISED:**
a) Kuumutage taimeõli suures potis või Hollandi ahjus keskmisel kuumusel.
b) Lisa potti hakitud sibul ja hakitud küüslauk ning prae, kuni need muutuvad läbipaistvaks.
c) Sega juurde tükeldatud tomatid ja tomatipasta.
d) Küpseta paar minutit, kuni tomatid pehmenevad.
e) Kui kasutad aji amarillo pastat, lisa see potti ja sega teiste koostisainetega korralikult läbi.
f) Vala juurde valge vein ja lase paar minutit podiseda, et alkoholisisaldus väheneks.
g) Lisa potti kala- või mereandide puljong ja vesi. Kuumuta see keema.
h) Lõika kalafileed suupistesuurusteks tükkideks ja lisa potti.
i) Alanda kuumust ja lase supil podiseda umbes 10 minutit või kuni kala on küps.
j) Lisa potti segatud mereannid (krevetid, kalmaar, rannakarbid, kaheksajalad jne) ja küpseta veel 5 minutit või kuni mereannid on küpsed ja pehmed.
k) Maitsesta Parihuela/mereandide supp jahvatatud köömnete, kuivatatud pune, soola ja pipraga. Maitsesta maitset vastavalt oma maitsele.
l) Puista hakitud koriandrit supile ja sega õrnalt.
m) Tõsta pott tulelt ja lase enne serveerimist paar minutit seista.
n) Serveeri Parihuela/Seafood Soup kuumalt supikaussides koos kooriku või keedetud riisiga.

## 30.Krevetipuder

**KOOSTISOSAD:**
- 1 kilo krevette, kooritud ja tükeldatud
- 1 spl oliiviõli
- 1 sibul, peeneks hakitud
- 3 küüslauguküünt, hakitud
- 1 tl jahvatatud köömneid
- 1 tl kuivatatud pune
- 2 spl ají amarillo pastat (või asenda kollase tšillipastaga)
- 2 tassi kala- või köögiviljapuljongit
- 1 tass aurutatud piima
- 1 tass külmutatud maisiterad
- 1 tass tükeldatud kartulit
- 1 tass tükeldatud porgandit
- 1 tass tükeldatud suvikõrvitsat
- ½ tassi herneid
- ½ tassi kuubikuteks lõigatud punast paprikat
- ½ tassi kuubikuteks lõigatud rohelist paprikat
- ¼ tassi hakitud värsket koriandrit
- Sool ja pipar, maitse järgi
- 2 muna, lahtiklopitud
- Toorjuust, murendatud, kaunistuseks
- Värske koriander, hakitud, kaunistuseks

**JUHISED:**
a) Kuumuta suures potis keskmisel kuumusel oliiviõli.
b) Lisa hakitud sibul ja hakitud küüslauk. Prae, kuni sibul muutub läbipaistvaks ja küüslauk lõhnab.
c) Lisa potti jahvatatud köömned, kuivatatud pune ja ají amarillo pasta. Segage segu hästi ja küpseta veel minut, et maitsed vabaneksid.
d) Lisa kala- või köögiviljapuljong ja kuumuta keemiseni. Alanda kuumust ja hauta umbes 10 minutit, et maitsed seguneksid.
e) Lisa potti aurutatud piim, külmutatud maisiterad, tükeldatud kartul, porgand, suvikõrvits, herned, punane paprika, roheline paprika ja hakitud koriander. Sega korralikult läbi ja maitsesta soola ja pipraga.
f) Hauta segu umbes 15 minutit või kuni köögiviljad on pehmed.
g) Samal ajal prae krevette eraldi pannil väheses oliiviõlis, kuni need muutuvad roosaks ja on läbi küpsenud. Kõrvale panema.
h) Kui köögiviljad on pehmed, valage lahtiklopitud munad aeglaselt potti, samal ajal pidevalt segades. Nii tekivad kogu supi peale keedetud munast paelad.
i) Lisage keedetud krevetid potti ja segage õrnalt. Lase supil veel 5 minutit podiseda, et maitsed sulaksid.
j) Serveeri Chupe de Camarones/Shrimp Chowder kuumalt, kaunistatud murendatud toorjuustu ja hakitud värske koriandriga.

## 31.Kalakoor

**KOOSTISOSAD:**
- 1 nael valget kalafileed (nt snapper, tursk või tilaapia), lõigatud hammustuse suurusteks tükkideks
- 1 sibul, peeneks hakitud
- 3 küüslauguküünt, hakitud
- 2 supilusikatäit taimeõli
- 2 spl ají amarillo pasta või asenda kollase paprika püreega
- 2 tassi kala- või mereandide puljongit
- 2 tassi vett
- 2 keskmist kartulit, kooritud ja kuubikuteks lõigatud
- 1 tass külmutatud maisiterad
- 1 tass aurutatud piima
- 1 tass värskeid või külmutatud herneid
- 1 tass riivitud juustu (nt mozzarella või cheddar)
- 2 supilusikatäit hakitud värsket koriandrit
- Sool ja pipar maitse järgi
- Serveerimiseks laimiviilud

**JUHISED:**
a) Kuumuta suures potis taimeõli keskmisel kuumusel.
b) Lisa hakitud sibul ja hakitud küüslauk ning prae, kuni sibul muutub läbipaistvaks ja küüslauk lõhnavaks.
c) Segage ají amarillo pasta või kollase paprika püree ja küpseta minut aega, et maitsed seguneksid.
d) Lisa potti kala- või mereandide puljong ja vesi ning aja segu keema.
e) Lisa potti kuubikuteks lõigatud kartulid, alanda kuumust keskmiselt madalale ja lase podiseda umbes 10 minutit või kuni kartulid on osaliselt küpsed.
f) Sega hulka kalafileed ja külmutatud maisiterad. Hauta veel 5-7 minutit, kuni kala on läbi küpsenud ja mais pehme.
g) Vala sisse aurutatud piim ja lisa herned. Sega hästi kokku.
h) Maitsesta Chupe de Pescado/Fish Chowder soola ja pipraga maitse järgi. Reguleeri maitsestamist vastavalt vajadusele.
i) Puista supi peale riivitud juust. Kata pott kaanega ja lase veel 5 minutit podiseda või kuni juust on sulanud ja maitsed omavahel hästi segunenud.
j) Tõsta pott tulelt ja puista supile hakitud koriandrit.
k) Serveeri Chupe de Pescado/Fish Chowder kuumalt koos laimiviiludega küljel, et supi peale pigistada.
l) Saate nautida Chupe de Pescado/Fish Chowderit eraldi või serveerida seda kooriku või riisiga.

## 32. Mereandide riis

**KOOSTISOSAD:**
- 2 tassi pikateralist valget riisi
- 1 nael segatud mereande (nagu krevetid, kalmarid, rannakarbid ja kammkarbid), puhastatud ja tükeldatud
- 2 spl taimeõli
- 1 sibul, peeneks hakitud
- 4 küüslauguküünt, hakitud
- 1 punane paprika, tükeldatud
- 1 tass kuubikuteks lõigatud tomateid (värsked või konserveeritud)
- 1 spl tomatipastat
- 1 tass kala- või mereandide puljongit
- 1 tass valget veini (valikuline)
- 1 tl jahvatatud köömneid
- 1 tl paprikat
- ½ tl kuivatatud oreganot
- ¼ tl Cayenne'i pipart (valikuline, soojendamiseks)
- ¼ tassi hakitud värsket koriandrit
- ¼ tassi hakitud värsket peterselli
- 1 laimi mahl
- Sool, maitse järgi
- Pipar, maitse järgi

**JUHISED:**
a) Loputage riisi külma vee all, kuni vesi muutub selgeks.
b) Keeda riis vastavalt pakendi juhistele ja tõsta kõrvale.
c) Kuumuta suurel pannil või paellapannil keskmisel kuumusel taimeõli.
d) Lisa hakitud sibul, hakitud küüslauk ja kuubikuteks lõigatud punane paprika.
e) Prae, kuni köögiviljad on pehmed ja lõhnavad.
f) Lisage segatud mereannid pannile ja küpseta, kuni need on osaliselt küpsed, umbes 3-4 minutit.
g) Eemalda paar tükki mereande ja tõsta need soovi korral hilisemaks kaunistamiseks kõrvale.
h) Sega hulka tükeldatud tomatid, tomatipasta, kala- või mereandide puljong ja valge vein (kui kasutad).
i) Kuumuta segu tasasel tulel ja keeda umbes 5 minutit, et maitsed seguneksid.
j) Lisa jahvatatud köömned, paprika, kuivatatud pune ja cayenne'i pipar (kui kasutad). Sega segamiseks.
k) Voldi keedetud riis ja sega ettevaatlikult mereandide ja kastmega, kuni see on hästi segunenud.
l) Küpseta veel 5 minutit, et maitsed seguneksid.
m) Tõsta pann tulelt ja sega hulka hakitud koriander, hakitud petersell ja laimimahl.
n) Maitsesta soola ja pipraga maitse järgi.
o) Soovi korral kaunista Arroz con Mariscos/Seafood Rice reserveeritud keedetud mereandide ja täiendavate värskete ürtidega.
p) Serveeri Arroz con Mariscos/Seafood Rice kuumalt, kõrvale laimiviilud ja puista värsket koriandrit või peterselli.

## 33. Marineeritud kala

**KOOSTISOSAD:**
- 1 ½ naela valget kalafileed (nt snapper, tilapia või tursk)
- ½ tassi universaalset jahu
- Sool ja pipar maitse järgi
- Taimeõli praadimiseks
- 1 punane sibul, õhukeselt viilutatud
- 2 porgandit, julieneeritud
- 1 punane paprika, õhukeselt viilutatud
- 4 küüslauguküünt, hakitud
- 1 tass valget äädikat
- 1 tass vett
- 2 loorberilehte
- 1 tl kuivatatud pune
- 1 tl jahvatatud köömneid
- ½ tl paprikat
- Sool ja pipar maitse järgi
- Kaunistuseks värske koriander või petersell

**JUHISED:**
a) Maitsesta kalafileed soola ja pipraga. Kastke need jahusse, raputage üleliigne maha.
b) Kuumutage taimeõli suurel pannil keskmisel-kõrgel kuumusel. Prae kalafileed mõlemalt poolt kuldpruuniks. Tõsta pannilt ja tõsta paberrätikuga vooderdatud taldrikule, et liigne õli välja voolaks.
c) Prae samal pannil viilutatud punast sibulat, julieneeritud porgandit, viilutatud punast paprikat ja hakitud küüslauku, kuni need hakkavad pehmenema, umbes 5 minutit.
d) Sega eraldi kastrulis valge äädikas, vesi, loorberilehed, kuivatatud pune, jahvatatud köömned, paprika, sool ja pipar. Kuumuta segu keemiseni.
e) Lisa hautatud köögiviljad keevale äädika segule. Alanda kuumust ja hauta umbes 10 minutit, et maitsed seguneksid.
f) Laota praetud kalafileed madalasse nõusse. Vala äädika ja köögiviljasegu kaladele, kattes need täielikult. Laske tassil toatemperatuurini jahtuda.
g) Kata roog kaanega ja pane vähemalt 2 tunniks või üleöö külmkappi, et kala saaks maitsed endasse võtta.
h) Serveeri Escabeche de Pescado/marineeritud kala jahutatult, värske koriandri või peterselliga kaunistatud.
i) Kala ja juurvilju võid nautida marinaadiga lisandina või serveerida riisi või saiaga.

## 34.Lilla maisipuding

**KOOSTISOSAD:**
- 2 tassi lillat maisimahla (mazamorra morada kontsentraat)
- 1 tass kuivatatud lillasid maisiterad
- 1 kaneelipulk
- 4 nelki
- 1 tass suhkrut
- ½ tassi kartulitärklist
- Kaunistuseks ananassitükid ja ploomid

**JUHISED:**
a) Segage suures potis lilla maisimahl, kuivatatud lillad maisiterad, kaneelipulk ja nelk. Kuumuta keemiseni ja seejärel keeda umbes 20 minutit.
b) Eraldi kausis segage kartulitärklis vähese veega, et tekiks läga.
c) Lisa pidevalt segades potti suhkur ja kartulitärklise puder. Jätkake küpsetamist, kuni segu pakseneb.
d) Eemaldage kuumusest ja laske sellel jahtuda.
e) Enne serveerimist kaunista ananassitükkide ja ploomidega.

## 35. Coca tee

**KOOSTISOSAD:**
- 1-2 kokatee kotti või 1-2 tl kuivatatud kokalehti
- 1 tass kuuma vett
- Mesi või suhkur (valikuline)

**JUHISED:**
a) Asetage kokateekott või kuivatatud kokalehed tassi.
b) Valage kokatee kotike või lehed kuuma veega üle.
c) Lase tõmmata 5-10 minutit või kuni saavutab soovitud tugevuse.
d) Soovi korral magustage mee või suhkruga.

## 36.Quinoa puding

**KOOSTISOSAD:**
- 1 tass kinoa
- 4 tassi vett
- 4 tassi piima
- 1 kaneelipulk
- 1 tl vaniljeekstrakti
- ½ tassi suhkrut (maitse järgi)
- ¼ teelusikatäit jahvatatud nelki
- ¼ teelusikatäit jahvatatud muskaatpähklit
- Rosinad ja/või hakitud pähklid kaunistuseks (valikuline)

**JUHISED:**
a) Loputage kinoa hoolikalt külma vee all, et eemaldada kibedus.
b) Sega suures potis kinoa ja vesi. Kuumuta see keskmisel-kõrgel kuumusel keemiseni, seejärel alanda kuumust ja lase podiseda umbes 15 minutit või kuni kinoa on pehme. Tühjendage liigne vesi.
c) Pange keedetud kinoa potti tagasi ja lisage piim, kaneelipulk, vaniljeekstrakt, suhkur, jahvatatud nelk ja jahvatatud muskaatpähkel.
d) Segage segu hästi ja laske keskmisel kuumusel tasasel tulel keeda.
e) Keeda umbes 20-25 minutit, aeg-ajalt segades, kuni segu pakseneb pudingitaoliseks konsistentsiks.
f) Tõsta pott tulelt ja visake kaneelipulk ära.
g) Laske Mazamorra de Quinua/Quinoa pudingul enne serveerimist mõni minut jahtuda.
h) Serveeri Mazamorra de Quinua/Quinoa Pudding soojalt või jahutatult kaussides või magustoidutopsides.
i) Soovi korral kaunista iga portsjon rosinate ja/või hakitud pähklitega.

37.Praetud jahubanaanid

**KOOSTISOSAD:**
- 2 rohelist jahubanaani
- Taimeõli praadimiseks
- Soola maitse järgi

**JUHISED:**
a) Alusta roheliste jahubanaanide koorimisega. Selleks lõika jahubanaanidel otsad ära ja tee piki nahka pikilõhik. Eemaldage nahk, tõmmates selle jahubanaanist eemale.
b) Lõika jahubanaanid paksudeks, umbes 1 tolli (2,5 cm) paksusteks viiludeks.
c) Kuumutage taimeõli sügaval pannil või pannil keskmisel kuumusel. Veenduge, et jahubanaanilõikude täielikuks uputamiseks oleks piisavalt õli.
d) Lisa jahubanaaniviilud ettevaatlikult kuuma õli sisse ja prae neid umbes 3-4 minutit mõlemalt poolt või kuni need muutuvad kuldpruuniks.
e) Eemaldage praetud jahubanaaniviilud õlist ja asetage need paberrätikuga vooderdatud taldrikule, et liigne õli välja voolaks.
f) Võtke iga praetud jahubanaaniviil ja tasandage see klaasi põhja või spetsiaalselt lamendamiseks mõeldud köögitööriista abil.
g) Tõsta lapik jahubanaaniviilud tagasi kuuma õli sisse ja prae neid veel 2-3 minutit mõlemalt poolt, kuni need muutuvad krõbedaks ja kuldpruuniks.
h) Kui olete soovitud krõbeduseni praadinud, eemaldage Patacones/Fried Plantains õlist ja asetage need paberrätikuga vooderdatud taldrikule, et üleliigne õli tühjendada.
i) Puista Patacones/Fried Plantains maitse järgi soolaga, kuni need on veel kuumad.
j) Serveerige Patacones/Fried Plantainid lisandina või lisandina või täidisena, nagu guacamole, salsa või hakitud liha.

## 38.Yuca friikartulid

**KOOSTISOSAD:**
- 2 naela yuca (maniokk), kooritud ja lõigatud friikartuliteks
- Õli praadimiseks
- Soola maitse järgi

**JUHISED:**
a) Kuumutage õli fritüüris või suures potis temperatuurini 350 °F (175 °C).
b) Prae yuca friikartuleid partiidena, kuni need on kuldsed ja krõbedad, umbes 4-5 minutit.
c) Eemalda ja nõruta paberrätikutel.
d) Puista peale soola ja serveeri kuumalt.

### 39.Lima oad koriandri kastmes

**KOOSTISOSAD:**
- 2 tassi keedetud lima ube (pallares), nõrutatud
- 1 tass värskeid koriandri lehti
- 2 küüslauguküünt
- ½ tassi queso freskot, purustatud
- 2 spl taimeõli
- Sool ja pipar maitse järgi

**JUHISED:**
a) Segage segistis värske koriander, küüslauk, queso fresko, taimeõli, sool ja pipar. Blenderda, kuni saad ühtlase koriandrikastme.
b) Valage keedetud lima oad koriandrikastmega.
c) Serveeri lisandina või kerge pearoana.

## 40.Lambahautis

**KOOSTISOSAD:**
- 2 naela lambaliha hautist tükkideks lõigatud
- 2 spl taimeõli
- 1 sibul, peeneks hakitud
- 3 küüslauguküünt, hakitud
- 2 spl ají amarillo pasta
- 1 tl jahvatatud köömneid
- 1 tl kuivatatud pune
- 1 tass tumedat õlut (nt stout või ale)
- 2 tassi veise- või köögiviljapuljongit
- 2 tassi kuubikuteks lõigatud tomateid (värsked või konserveeritud)
- ½ tassi hakitud koriandrit
- 2 tassi külmutatud või värskeid rohelisi herneid
- 4 keskmist kartulit, kooritud ja neljaks lõigatud
- Sool, maitse järgi
- Pipar, maitse järgi

**JUHISED:**
a) Kuumutage taimeõli suures potis või Hollandi ahjus keskmisel kuumusel.
b) Lisa lambahautis ja küpseta igast küljest pruuniks. Eemaldage liha potist ja asetage see kõrvale.
c) Lisa samasse potti hakitud sibul ja hakitud küüslauk. Prae kuni sibul muutub läbipaistvaks.
d) Segage ají amarillo pasta, jahvatatud köömned ja kuivatatud pune.
e) Küpseta veel minut aega, et maitsed seguneksid.
f) Tõsta lambahautis tagasi potti ja vala sisse tume õlu. Kuumuta segu tulel ja keeda paar minutit, et alkohol aurustuks.
g) Lisa potti veise- või köögiviljapuljong ja tükeldatud tomatid. Kuumuta segu keemiseni, seejärel alanda kuumust, kata pott kaanega ja hauta umbes 1 tund või kuni lambaliha on pehme.
h) Sega juurde tükeldatud koriander, rohelised herned ja neljaks lõigatud kartulid. Jätkake keetmist veel 15-20 minutit või kuni kartulid on läbi küpsenud ja maitsed segunenud.
i) Maitsesta soola ja pipraga maitse järgi. Reguleeri kastme maitsestamist ja paksust vastavalt oma eelistusele, lisades soovi korral veel puljongit.

## 41. Adobo/Marineeritud sealihahautis

**KOOSTISOSAD:**
- 2 naela sea abatükid või kanatükid
- 4 küüslauguküünt, hakitud
- 2 spl taimeõli
- ¼ tassi valget äädikat
- 2 spl sojakastet
- 2 spl aji panca pasta (Peruu punase pipra pasta)
- 1 tl jahvatatud köömneid
- 1 tl kuivatatud pune
- ½ tl jahvatatud musta pipart
- ½ tl soola või maitse järgi

**JUHISED:**
a) Sega kausis hakitud küüslauk, taimeõli, valge äädikas, sojakaste, aji panca pasta, köömned, kuivatatud pune, must pipar ja sool.
b) Sega korralikult läbi, et moodustuks marinaad.
c) Asetage sea abatükid või kanatükid madalasse nõusse või Ziploc kotti. Valage marinaad lihale, tagades, et see on hästi kaetud.
d) Kata roog või sule kott ja pane külmkappi vähemalt 2 tunniks või eelistatavalt üle öö, et maitsed liha sisse imbuksid.
e) Eelsoojendage oma grill või ahi keskmiselt kõrgele kuumusele.
f) Kui kasutad grilli, eemalda liha marinaadist ja grilli keskmisel-kõrgel kuumusel, kuni see on läbi küpsenud ja pealt kenasti söestunud.
g) Kui kasutate ahju, asetage marineeritud liha küpsetusplaadile ja röstige temperatuuril 400 °F (200 °C) umbes 25-30 minutit või kuni liha on läbi küpsenud ja pruunistunud.
h) Kui liha on küpsetatud, eemaldage see tulelt ja laske enne viilutamist või serveerimist paar minutit seista.

## 42.Grillitud veisesüda Vardad

## KOOSTISOSAD:
- 1,5 naela veisesüdame- või välisfilee praad, lõigatud suupärasteks tükkideks
- ¼ tassi punase veini äädikat
- 3 supilusikatäit taimeõli
- 2 küüslauguküünt, hakitud
- 1 spl jahvatatud köömneid
- 1 supilusikatäis paprikat
- 1 tl kuivatatud pune
- 1 tl tšillipulbrit
- Sool, maitse järgi
- Värskelt jahvatatud must pipar, maitse järgi
- Puidust vardas, leotatud vees vähemalt 30 minutit
- Salsa de Aji (Peruu tšillikaste), serveerimiseks

## JUHISED:
a) Sega suures kausis kokku punase veini äädikas, taimeõli, hakitud küüslauk, jahvatatud köömned, paprika, kuivatatud pune, tšillipulber, sool ja must pipar.
b) Marinaadi valmistamiseks segage hästi.
c) Lisa veisesüda või välisfilee tükid marinaadile ja sega läbi, et liha oleks korralikult kaetud.
d) Kata kauss kaanega ja lase külmikus vähemalt 2 tundi või soovitavalt üleöö marineerida, et maitsed saaksid areneda.
e) Eelsoojendage oma grill või broiler keskmiselt kõrgele kuumusele.
f) Tõsta marineeritud veiselihatükid leotatud puidust varrastele, jättes iga tüki vahele väikese ruumi.
g) Grilli või prae anticuchosid umbes 3-4 minutit mõlemalt poolt või kuni liha on soovitud küpsusastmeni küpsenud.
h) Pöörake vardaid aeg-ajalt ühtlaseks küpsetamiseks.
i) Eemaldage küpsetatud anticuchod grillilt või broilerilt ja laske neil enne serveerimist mõni minut puhata.

# INDIA OOKEAN

## 43. Chevda

**KOOSTISOSAD:**
- 2 tassi õhukesi vermikelli nuudleid, purustatud väikesteks tükkideks
- 1 tass röstitud maapähkleid
- 1 tass röstitud kikerherneid (chana dal)
- 1 tass röstitud rohelisi läätsi (masoor dal)
- 1 tass kuivatatud karri lehti
- 1 tl kurkumipulbrit
- 1 tl paprikat
- 1 tl jahvatatud köömneid
- 1 tl jahvatatud koriandrit
- Soola maitse järgi
- Taimeõli praadimiseks

**JUHISED**

a) Kuumuta sügaval pannil või vokkpannil keskmisel kuumusel taimeõli.
b) Lõika vermikelli nuudlid väikesteks tükkideks ja lisa kuumale õlile. Prae nuudleid, kuni need muutuvad kuldpruuniks ja krõbedaks. Eemaldage need õlist ja nõrutage paberrätikutel, et eemaldada liigne õli. Kõrvale panema.
c) Prae samal pannil röstitud maapähklid, kuni need muutuvad veidi tumedamaks ja krõbedaks. Eemaldage need õlist ja nõrutage paberrätikutel. Kõrvale panema.
d) Prae röstitud kikerherned (chana dal) ja röstitud läätsed (masoor dal) kuumas õlis, kuni need muutuvad krõbedaks. Eemaldage need õlist ja nõrutage paberrätikutel. Kõrvale panema.
e) Prae kuivatatud karrilehti kuumas õlis mõni sekund, kuni need muutuvad krõbedaks. Eemaldage need õlist ja nõrutage paberrätikutel. Kõrvale panema.
f) Segage suures kausis praetud vermikelli nuudlid, maapähklid, kikerherned, läätsed ja karrilehed.
g) Sega väikeses kausis kurkumipulber, paprika, jahvatatud köömned, jahvatatud koriander ja sool.
h) Puista vürtsisegu suures kausis suupistesegu peale. Loksutage hästi, et kõik koostisosad oleksid ühtlaselt vürtsidega kaetud.
i) Laske Chevdal täielikult jahtuda, enne kui viite selle hoiustamiseks õhukindlasse anumasse.

## 44. Keenia Nyama Choma

**KOOSTISOSAD:**
- 3 supilusikatäit taimeõli
- 1 nael lambaliha kitse või veiseliha
- soola
- 1 spl ingveri ja küüslaugu pasta
- ¼ sidrunimahla
- Pipar maitse järgi
- 1 tass vett

**JUHISED**
a) Pese ja jäta liha kuivama. Pane kaussi ja tõsta kõrvale.
b) Eraldi kausis sega ingveri-küüslaugupasta ning sidrunimahl. Seejärel vala segu lihale marineerimiseks.
c) Kata liha kaanega ja jäta 2 tunniks täielikult marineerima.
d) Kuumuta grill väga kuumaks.
e) Määrige liha toiduõliga ja asetage see grillile.
f) Lahusta sool soojas vees ja puista küpsemise ajal lihale.
g) Süsi peaks olema vähe, et liha küpseks aeglaselt ilma kõrbemata.
h) Pöörake liha igast küljest ümber, kuni väliskülg on pehme ja seest küpseb hästi.
i) Kui liha on täielikult küpsenud, eemaldage see grillilt ja serveerige kuumalt.

## 45. Kalahautis

**KOOSTISOSAD:**
- 1 nael kalafileed (tilapia, snapper või mis tahes kõva valge kala)
- 2 spl taimeõli
- 1 sibul, hakitud
- 2 tomatit, tükeldatud
- 2 küüslauguküünt, hakitud
- 1-tolline tükk ingverit, riivitud
- 1 tl kurkumipulbrit
- 1 tl Cayenne'i pipart (valikuline, vürtsikuse jaoks)
- 1 tass kookospiima
- 1 tass kala- või köögiviljapuljongit
- Soola maitse järgi
- Värske koriander kaunistuseks (valikuline)
- Serveerimiseks keedetud riis või ugali

**JUHISED**
a) Kuumutage suurel pannil taimeõli keskmisel kuumusel.
b) Lisa hakitud sibul ja prae läbipaistvaks.
c) Lisa hakitud küüslauk ja riivitud ingver. Küpseta veel minut.
d) Lisa tükeldatud tomatid ja küpseta, kuni need pehmenevad.
e) Lisa pannile kurkumipulber ja cayenne'i pipar (kui kasutad) ning sega korralikult läbi.
f) Tõsta kalafileed pannile ja küpseta paar minutit mõlemalt poolt, kuni need on kergelt pruunistunud.
g) Vala sisse kookospiim ja kala- või köögiviljapuljong.
h) Maitsesta soolaga ja sega kõik kokku.
i) Kata pann kaanega ja lase kalahautisel podiseda umbes 10-15 minutit või kuni kala on läbi küpsenud ja maitsed omavahel hästi segunenud.
j) Soovi korral kaunista värske koriandriga.

## 46. Ingveriõlu

**KOOSTISOSAD:**
- 1 tass riivitud värsket ingverit
- 1 tass suhkrut
- 1 sidrun, mahl
- 8 tassi vett
- Jääkuubikud

**JUHISED**
a) Lase suures potis 4 tassi vett keema.
b) Lisa keeduvette riivitud ingver ja lase umbes 10 minutit podiseda.
c) Tõsta tulelt ja kurna ingveriga immutatud vesi kannu.
d) Lisa suhkur ja sega hästi kuni lahustumiseni.
e) Valage sidrunimahl ja ülejäänud 4 tassi külma vett.
f) Segage, et kõik koostisosad seguneksid.
g) Pane Stoney Tangawizi mõneks tunniks külmkappi, et maitsed saaksid areneda.
h) Serveeri ingveriõlut jääkuubikutega värskendava ja vürtsika joogi saamiseks.

## 47.Masala omlett

**KOOSTISOSAD:**
- 2-3 muna
- 1/4 tassi peeneks hakitud sibulat
- 1/4 tassi hakitud tomateid
- 1-2 rohelist tšillit, tükeldatud
- 1/4 tl köömneid
- 1/4 tl kurkumipulbrit
- 1/4 tl punase tšilli pulbrit
- Soola maitse järgi
- Kaunistuseks hakitud koriandrilehed

**JUHISED:**
a) Klopi munad kausis lahti ja lisa hakitud sibul, tomatid, rohelised tšilli, köömned, kurkumipulber, punase tšilli pulber ja sool.
b) Sega korralikult läbi ja vala segu kuumale, määritud pannile.
c) Küpseta, kuni omlett on tahenenud, keera ümber ja küpseta ka teine pool.
d) Kaunista hakitud koriandrilehtedega ja serveeri kuumalt.

48.Ch ai Jahedam

**KOOSTISOSAD:**
- ¾ tassi chai, jahutatud
- ¾ tassi vanilje-sojapiima, jahutatud
- 2 supilusikatäit külmutatud õunamahla kontsentraati, sulatatud
- ½ banaani, viilutatud ja külmutatud

**JUHISED:**
a) Segage segistis chai, sojapiim, õunamahla kontsentraat ja banaan.
b) Blenderda ühtlaseks ja kreemjaks.
c) Serveeri kohe.

## 49.Lillkapsatäidisega Paratha

**KOOSTISOSAD:**
- 2 tassi (300 g) riivitud lillkapsast ¼ pea)
- 1 tl jämedat meresoola
- ½ tl garam masala
- ½ tl kurkumipulbrit
- 1 partii põhilist Roti tainast

**JUHISED:**
a) Sega sügavas kausis kokku lillkapsas, sool, garam masala ja kurkum.
b) Kui täidis on valmis, alusta roti taigna rullimist. Alustage Basic Roti taigna valmistamisest. Tõmmake ära umbes golfipalli suurune tükk (läbimõõduga umbes 2 tolli [5 cm]) ja veeretage seda kahe peopesa vahel, et palliks vormida. Vajutage seda kahe peopesa vahel, et see kergelt lamedaks, ja rullige see kergelt jahusel pinnal lahti, kuni selle läbimõõt on umbes 5 tolli (12,5 cm).
c) Tõsta rullitud taigna keskele nukk (kuhjaga supilusikatäis) lillkapsatäidist. Voldi kõik küljed kokku nii, et need saaksid keskel kokku, moodustades sisuliselt ruudu. Kasta ruudu mõlemad pooled kergelt kuiva jahu sisse.
d) Rulli see kergelt jahuga ülepuistatud pinnal õhukeseks ja ringikujuliseks, läbimõõduga umbes 10 tolli (25 cm). See ei pruugi olla täiesti ümmargune ja osa täidisest võib veidi läbi tulla, kuid see on kõik korras.
e) Kuumuta tava või raske praepann keskmisel-kõrgel kuumusel. Kui see on kuum, asetage parathas pannile ja kuumutage 30 sekundit, kuni see on piisavalt tugev, et ümber pöörata, kuid mitte täielikult kõvaks ega kuivaks. See samm on ülimalt maitsvate Parathade valmistamisel ülioluline. Tundub, et see on just valmimas, kuid siiski veidi toores. Küpseta 30 sekundit vastasküljel. Vahepeal määrige ülespoole jääv pool kergelt õliga, keerake see ümber, õlitage kergelt teine pool ja küpseta mõlemalt poolt, kuni need kergelt pruunistuvad. Serveeri kohe või, magusa sojajogurti või India hapukurgiga (achaar).

## 50.Spinatiga täidetud leib

**KOOSTISOSAD:**
- 3 tassi (603 g) 100% täistera chapati jahu (atta)
- 2 tassi (60 g) värsket spinatit, lõigatud ja peeneks hakitud
- 1 tass (237 ml) vett
- 1 tl jämedat meresoola

**JUHISED:**
a) Blenderda köögikombainis jahu ja spinat. Sellest saab murenev segu.
b) Lisa vesi ja sool. Töötle, kuni tainas muutub kleepuvaks palliks.
c) Tõsta tainas sügavasse kaussi või kergelt jahuga ülepuistatud tööpinnale ja sõtku paar minutit, kuni see on ühtlane nagu pitsatainas. Kui tainas on kleepuv, lisa veel veidi jahu. Kui see on liiga kuiv, lisage veel veidi vett.
d) Tõmmake tainast lahti umbes golfipalli suurune tükk (läbimõõduga umbes 5 cm) ja rullige see kahe peopesa vahel, et sellest pall vormida. Vajutage seda kahe peopesa vahel, et see kergelt lamedaks, ja rullige see kergelt jahusel pinnal lahti, kuni selle läbimõõt on umbes 5 tolli (12,5 cm).
e) Kuumuta tava või raske praepann keskmisel-kõrgel kuumusel. Kui see on kuum, asetage Paratha pannile ja kuumutage 30 sekundit, kuni see on piisavalt tugev, et ümber pöörata, kuid mitte täielikult kõvaks ega kuivaks.
f) Küpseta 30 sekundit vastasküljel. Vahepeal määrige ülespoole jääv pool kergelt õliga, keerake see ümber, õlitage kergelt teine pool ja küpseta mõlemalt poolt, kuni need kergelt pruunistuvad.
g) Serveeri kohe või, magusa sojajogurti või India hapukurgiga (achaar).

## 51.Soolane krakitud nisu india pähklitega

**KOOSTISOSAD:**
- 1 tass (160 g) purustatud nisu
- 1 spl õli
- 1 tl musta sinepiseemneid
- 4–5 karrilehte, jämedalt hakitud
- ½ keskmist kollast või punast sibulat, kooritud ja kuubikuteks lõigatud
- 1 väike porgand, kooritud ja kuubikuteks lõigatud
- ½ tassi (145 g) värskeid või külmutatud herneid
- 1–2 Tai, serrano või cayenne'i tšillit,
- ¼ tassi (35 g) tooreid india pähkleid, kuivröstitud
- 1 tl jämedat meresoola
- 2 tassi (474 ml) keeva vett
- 1 keskmise sidruni mahl

**JUHISED:**

a) Kuivalt röstige tugeval praepannil keskmisel-kõrgel kuumusel pragunenud nisu umbes 7 minutit, kuni see on kergelt pruunistunud. Tõsta taldrikule jahtuma.
b) Kuumuta õli sügaval ja raskel pannil keskmisel-kõrgel kuumusel.
c) Lisa sinepiseemned ja küpseta, kuni need särisevad, umbes 30 sekundit.
d) Lisa karrilehed, sibul, porgand, herned ja tšilli. Küpseta 2–3 minutit, aeg-ajalt segades, kuni sibul hakkab kergelt pruunistuma.
e) Lisa purustatud nisu, india pähklid ja sool. Sega hästi.
f) Lisage segule keev vesi. Tehke seda väga ettevaatlikult, kuna see pritsib. Võtan suurele pannile kaane ja hoian seda parema käega enda ees, vasakuga vett kallates. Niipea, kui vesi on sees, panen kaane tagasi ja lasen segul minut aega settida. Teise võimalusena võite vee sissevalamise ajaks kuumuse ajutiselt välja lülitada.
g) Kui vesi on sees, vähendage kuumust madalaks ja keetke segu ilma kaaneta, kuni kogu vedelik on imendunud.
h) Lisa sidrunimahl küpsetusaja lõpus. Pange pannile kaas tagasi, lülitage kuumus välja ja laske segul 15 minutit seista, et kõik maitsed paremini imenduksid.
i) Serveeri kohe koos võiga määritud röstsaia, püreestatud banaani või vürtsika rohelise tšillipipra chutneyga.

## 52.Chai vürtsikas kuum šokolaad

**KOOSTISOSAD:**
- 2 tassi piima (piim või alternatiivne piim)
- 2 spl kakaopulbrit
- 2 spl suhkrut (maitse järgi)
- 1 tl chai teelehti (või 1 chai tee kott)
- ½ tl jahvatatud kaneeli
- ¼ tl jahvatatud kardemoni
- Näputäis jahvatatud ingverit
- Kaunistuseks vahukoor ja puistake kaneeli

**JUHISED:**
a) Kuumuta potis piim keskmisel kuumusel kuumaks, kuid mitte keemiseni.
b) Lisage piimale chai teelehed (või teepakk) ja laske 5 minutit tõmmata. Eemaldage teelehed või teepakk.
c) Vahusta väikeses kausis kakaopulber, suhkur, kaneel, kardemon ja ingver.
d) Vispelda kakaosegu järk-järgult kuuma piima hulka, kuni see on hästi segunenud ja ühtlane.
e) Jätkake vürtsidega kuuma šokolaadi kuumutamist aeg-ajalt segades, kuni see saavutab soovitud temperatuuri.
f) Valage kruusidesse, valage peale vahukoor ja puistake üle kaneeliga. Serveeri ja naudi!

## 53. Kikerhernejahust krepid

## KOOSTISOSAD:
- 2 tassi (184 g) grammi (kikerherne) jahu (besan)
- 1½ tassi (356 g) vett
- 1 väike sibul, kooritud ja hakitud (umbes ½ tassi [75 g])
- 1-osaline ingverijuur, kooritud ja riivitud või hakitud
- 1–3 rohelist Tai, serrano või cayenne'i tšillit, tükeldatud
- ¼ tassi (7 g) kuivatatud lambaläätse lehti (kasoori methi)
- ½ tassi (8 g) värsket koriandrit, hakitud
- 1 tl jämedat meresoola
- ½ tl jahvatatud koriandrit
- ½ tl kurkumipulbrit
- 1 tl punase tšilli pulbrit või Cayenne'i õli, pannil praadimiseks

## JUHISED:
a) Sega sügavas kausis jahu ja vesi ühtlaseks massiks. Mulle meeldib alustada vispliga ja seejärel kasutada lusika selga, et purustada väikesed jahutükid, mis tavaliselt tekivad.
b) Laske segul seista vähemalt 20 minutit.
c) Lisage ülejäänud koostisosad, välja arvatud õli, ja segage hästi.
d) Kuumuta praepann keskmisel-kõrgel kuumusel.
e) Lisa ½ tl õli ja määri lusika selja või paberrätikuga plaadile. Panni ühtlaseks katmiseks võite kasutada ka keedupritsi.
f) Valage vahukulbiga ¼ tassi (59 ml) tainast panni keskele. Laota taigen vahukulbi tagaosaga ringikujuliste liigutustega päripäeva, keskelt panni väliskülje poole, et saada õhuke ümmargune umbes 5 tolli (12,5 cm) läbimõõduga pannkook.
g) Küpseta poorat ühelt poolt kergelt pruuniks, umbes 2 minutit, ja seejärel keerake see teiselt poolt küpsetamiseks ümber. Vajuta spaatliga alla, et ka keskosa oleks läbi küpsenud.
h) Küpseta ülejäänud tainas, lisades vajadusel õli, et vältida kleepumist.
i) Serveeri minu Mint või Peach Chutney küljega.

## 54.Nisu kreemjas kreem

**KOOSTISOSAD:**
- 3 tassi (534 g) nisukoort (sooji)
- 2 tassi (474 ml) magustamata tavalist sojajogurtit
- 3 tassi (711 ml) vett
- 1 tl jämedat meresoola
- ½ tl jahvatatud musta pipart
- ½ tl punase tšilli pulbrit või Cayenne'i
- ½ kollast või punast sibulat, kooritud ja peeneks viilutatud
- 1–2 rohelist Tai, serrano või cayenne'i tšillit, tükeldatud
- Õli, pannil praadimiseks, tõsta väikesesse kaussi kõrvale
- ½ suurt sibulat, kooritud ja poolitatud (panni valmistamiseks)

**JUHISED:**
a) Segage sügavas kausis kokku nisukoor, jogurt, vesi, sool, must pipar ja punane tšillipulber ning pange see 30 minutiks kõrvale, et veidi käärima hakata.
b) Lisa tükeldatud sibul ja tšillid. Sega õrnalt.
c) Kuumuta praepann keskmisel-kõrgel kuumusel. Pane pannile 1 tl õli.
d) Kui pann on kuum, torkake kahvel sibula lõikamata ümardatud osasse. Hoides kahvli käepidemest, hõõruge lõigatud pool sibulat edasi-tagasi mööda panni. Kuumuse, sibulamahla ja õli kombinatsioon aitab vältida doosi kleepumist. Hoidke sibulat koos sisestatud kahvliga käepärast, et seda annuste vahel uuesti kasutada. Kui see muutub pannilt mustaks, lõigake esiosa õhukeselt ära.
e) Hoidke pisikest õlikaussi lusikaga küljel – kasutate seda hiljem.
f) Nüüd lõpuks toiduvalmistamise juurde! Valage kuuma, ettevalmistatud panni keskele veidi rohkem kui ¼ tassi (59 ml) tainast. Liigutage kulbi tagaosaga aeglaselt päripäeva panni keskosast välisservani, kuni tainas muutub õhukeseks ja krepitaoliseks. Kui segu hakkab kohe mullitama, keera kuumust veidi madalamaks.
g) Valage väikese lusikaga õhukese joana õli ümber taigna.
h) Laske dosal küpseda, kuni see on kergelt pruunistunud ja tõmbub pannilt eemale. Pöörake ja küpsetage teine pool.

## 55.Masala Tofu rüselus

**KOOSTISOSAD:**
- 14-untsine pakend eriti tugev orgaaniline tofu
- 1 spl õli
- 1 tl köömneid
- ½ väikest valget või punast sibulat, kooritud ja hakitud
- 1-osaline ingverijuur, kooritud ja riivitud
- 1–2 rohelist Tai, serrano või cayenne'i tšillit, tükeldatud
- ½ tl kurkumipulbrit
- ½ tl punase tšilli pulbrit või Cayenne'i
- ½ tl jämedat meresoola
- ½ tl musta soola
- ¼ tassi (4 g) värsket koriandrit, hakitud

**JUHISED:**
a) Murenda tofu kätega ja tõsta kõrvale.
b) Kuumutage õli raskel tasasel pannil keskmisel-kõrgel kuumusel.
c) Lisa köömned ja küpseta, kuni seemned särisevad, umbes 30 sekundit.
d) Lisage sibul, ingverijuur, tšilli ja kurkum. Küpseta ja pruunista 1–2 minutit, kleepumise vältimiseks segades.
e) Lisa tofu ja sega korralikult läbi, et kogu segu muutuks kurkumist kollaseks.
f) Lisage punane tšillipulber, meresool, must sool (kala namak) ja koriander. Sega hästi.
g) Serveeri röstsaiaga või soojas roti- või paratha-wrapis rullitult.

## 56.Magusad pannkoogid

**KOOSTISOSAD:**
- 1 tass (201 g) 100% täistera chapati jahu
- ½ tassi (100 g) jageri
- ½ tl apteegitilli seemneid
- 1 tass (237 ml) vett

**JUHISED:**
a) Segage kõik koostisosad sügavas kausis ja laske taignal vähemalt 15 minutit seista.
b) Kuumuta kergelt õliga määritud grillrest või pann keskmisel-kõrgel kuumusel. Valage või kühveldage tainas küpsetusplaadile, kasutades iga vaese kohta umbes ¼ tassi (59 ml). Nipp seisneb selles, et vahukulbi tagaosaga keskelt päripäeva liigutades tuleb taigen kergelt laiali ajada, ilma seda liigselt vedeldamata.
c) Pruunista mõlemalt poolt ja serveeri kuumalt.

## 57. Chai Piim puder

**KOOSTISOSAD:**
- 180 ml rasvatu piima
- 1 spl hele pehmet pruuni suhkrut
- 4 kardemonikauna, poolitatud
- 1 tähtaniis
- ½ tl jahvatatud ingverit
- ½ tl jahvatatud muskaatpähklit
- ½ tl jahvatatud kaneeli
- 1 kaera kotike

**JUHISED:**
a) Pange piim, suhkur, kardemon, tähtaniis ja ¼ teelusikatäis ingverit, muskaatpähklit ja kaneeli väikesele pannile ning laske aeg-ajalt segades keema tõusta, kuni suhkur on lahustunud.
b) Kurna kannu, visake terved vürtsid ära, seejärel pange tagasi pannile ja keetke piimaga kaer vastavalt pakendi juhistele. Tõsta lusikaga kaussi.
c) Segage ülejäänud ¼ teelusikatäit ingverit, muskaatpähkel ja kaneel ühtlaseks seguks, seejärel pühkige pudru pealt tolmu, kasutades piim malli, et luua unikaalne muster, kui soovite.

58.Vürtsitud pliidipopkorn

**KOOSTISOSAD:**
- 1 spl õli
- ½ tassi (100 g) kuumtöötlemata popkorni tuuma
- 1 tl jämedat meresoola
- 1 tl garam masala, Chaat Masala või Sambhar Masala

**JUHISED:**
a) Kuumuta sügaval ja raskel pannil õli keskmisel-kõrgel kuumusel.
b) Lisa popkorni tuumad.
c) Kata pann kaanega ja keera kuumus keskmisele-madalale.
d) Küpseta, kuni hüppamine aeglustub, 6–8 minutit.
e) Lülitage kuumus välja ja laske popkornil veel 3 minutit kaanega seista.
f) Puista peale soola ja masala. Serveeri kohe.
g) Võtke tangidega üks papad korraga ja soojendage seda pliidi kohal. Kui teil on gaasipliit, küpseta seda otse leegi kohal, puhudes ettevaatlikult põlema süttivad killud. Pöörake neid pidevalt edasi-tagasi, kuni kõik osad on küpsed ja krõbedad. Kui kasutate elektripliiti, soojendage neid põleti kohale asetatud restil ja keerake pidevalt, kuni need on krõbedad. Olge ettevaatlik - need põlevad kergesti.
h) Lao papad virna ja serveeri kohe suupistena või õhtusöögi kõrvale.

## 59.Röstitud Masala pähklid

**KOOSTISOSAD:**
- 2 tassi (276 g) tooreid india pähkleid
- 2 tassi (286 g) tooreid mandleid
- 1 spl garam masala, Chaat Masala või Sambhar Masala
- 1 tl jämedat meresoola
- 1 spl õli
- ¼ tassi (41 g) kuldseid rosinaid

**JUHISED:**
a) Seadke ahjurest kõrgeimasse asendisse ja eelsoojendage ahi temperatuurini 425 °F (220 °C). Vooderda küpsetusplaat alumiiniumfooliumiga, et seda oleks lihtne puhastada.
b) Sega sügavas kausis kõik koostisosad, välja arvatud rosinad, kuni pähklid on ühtlaselt kaetud.
c) Laota pähklisegu ühe kihina ettevalmistatud ahjuplaadile.
d) Küpseta 10 minutit, poole küpsetusaja jooksul õrnalt segades, et pähklid küpseksid ühtlaselt.
e) Eemaldage pann ahjust. Lisa rosinad ja lase segul vähemalt 20 minutit jahtuda. See samm on oluline. Keedetud pähklid muutuvad nätskeks, kuid pärast jahtumist saavad nad oma krõmpsuvuse tagasi. Serveeri kohe või säilita õhukindlas anumas kuni kuu aega.

## 60.Chai-vürtsiga röstitud mandlid ja india pähklid

**KOOSTISOSAD:**
- 2 tassi (276 g) tooreid india pähkleid
- 2 tassi (286 g) tooreid mandleid
- 1 supilusikatäis Chai Masala
- 1 spl jaggery (gur) või fariinsuhkrut
- ½ tl jämedat meresoola
- 1 spl õli

**JUHISED:**
a) Seadke ahjurest kõrgeimasse asendisse ja eelsoojendage ahi temperatuurini 425 °F (220 °C). Vooderda küpsetusplaat alumiiniumfooliumiga, et seda oleks lihtne puhastada.
b) Segage sügavas kausis kõik koostisosad ja segage hästi, kuni pähklid on ühtlaselt kaetud.
c) Laota pähklisegu ühe kihina ettevalmistatud ahjuplaadile.
d) Küpseta 10 minutit, segades poole küpsetusaja pealt, et segu küpseks ühtlaselt.
e) Eemaldage küpsetusplaat ahjust ja laske segul umbes 20 minutit jahtuda. See samm on oluline. Keedetud pähklid muutuvad nätskeks, kuid pärast jahtumist saavad nad oma krõmpsuvuse tagasi.
f) Serveeri kohe või säilita õhukindlas anumas kuni kuu aega.

## 61. Küpsetatud köögiviljade ruudud

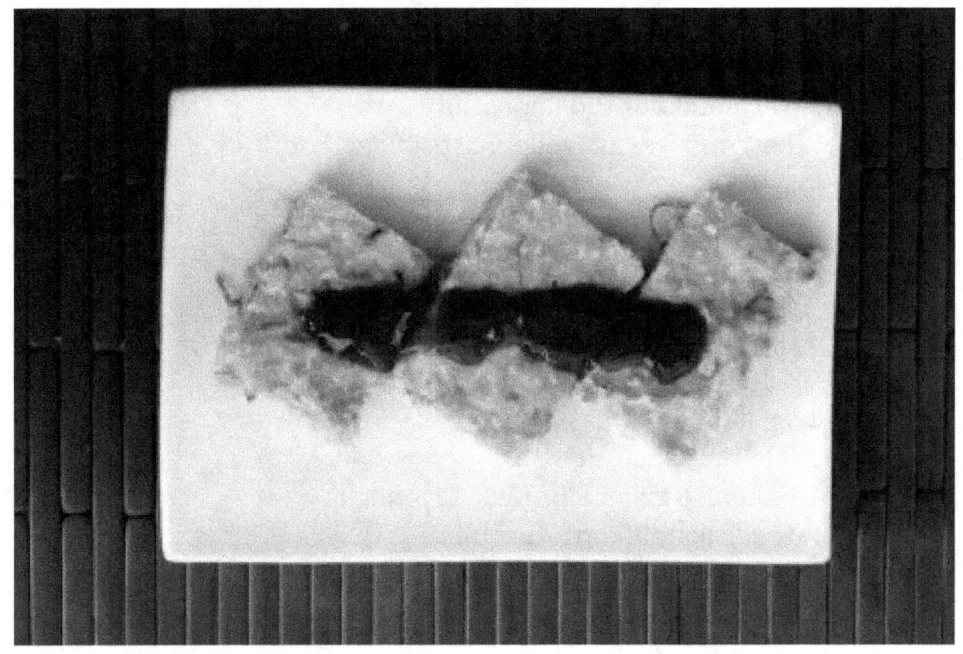

**KOOSTISOSAD:**
- 2 tassi (140 g) riivitud valget kapsast (½ väikest peast)
- 1 tass (100 g) riivitud lillkapsast (¼ keskmise peaga)
- 1 tass (124 g) riivitud suvikõrvitsat
- ½ kartulit, kooritud ja riivitud
- ½ keskmist kollast või punast sibulat, kooritud ja kuubikuteks lõigatud
- 1-osaline ingverijuur, kooritud ja riivitud või hakitud
- 3–4 rohelist Tai, serrano või cayenne'i tšillit, tükeldatud
- ¼ tassi (4 g) hakitud värsket koriandrit
- 3 tassi (276 g) grammi (kikerherne) jahu (besan)
- ½ 12-untsi pakend siidist tofut
- 1 spl jämedat meresoola
- 1 tl kurkumipulbrit
- 1 tl punase tšilli pulbrit või Cayenne'i
- ¼ teelusikatäit küpsetuspulbrit
- ¼ tassi (59 ml) õli

**JUHISED:**

a) Seadke ahjurest keskmisele asendile ja eelsoojendage ahi temperatuurini 350 °F (180 °C). Õlita 10-tolline (25 cm) kandiline küpsetusvorm. Kasutage suuremat küpsetuspanni, kui soovite õhemat ja krõbedamat pakorat.
b) Sega sügavas kausis kapsas, lillkapsas, suvikõrvits, kartul, sibul, ingverijuur, tšilli ja koriander.
c) Lisa jahu ja sega aeglaselt, kuni segu on hästi segunenud. See aitab käte abil kõike tõeliselt kokku segada.
d) Köögikombainis, blenderis või võimsamas blenderis blenderda tofu ühtlaseks.
e) Lisage köögiviljasegule segatud tofu, sool, kurkum, punane tšillipulber, küpsetuspulber ja õli. Sega.
f) Vala segu ettevalmistatud ahjuvormi.
g) Küpsetage 45–50 minutit, olenevalt sellest, kui soojaks teie ahi läheb. Roog on valmis, kui keskele torgatud hambaork tuleb puhtana välja.
h) Jahuta 10 minutit ja lõika ruutudeks. Serveeri oma lemmikchutneyga.

## 62.Chai vürtsidega röstitud pähklid

**KOOSTISOSAD:**
- 4 tassi soolamata segatud pähkleid
- ¼ tassi vahtrasiirupit
- 3 supilusikatäit sulatatud kookosõli
- 2 spl kookossuhkrut
- 3 tl jahvatatud ingverit
- 2 tl jahvatatud kaneeli
- 2 tl jahvatatud kardemoni
- 1 tl jahvatatud piment
- 1 tl puhast vaniljepulbrit
- ½ tl soola
- ¼ teelusikatäit musta pipart

**JUHISED:**
a) Kuumuta ahi temperatuurini 325 ° F (163 ° C). Vooderda äärega küpsetusplaat küpsetuspaberiga ja tõsta kõrvale.
b) Sega suures segamiskausis kõik koostisosad, välja arvatud pähklid. Maitselise segu saamiseks segage hästi.
c) Lisa kaussi segatud pähklid ja vispelda, kuni need on vürtsiseguga ühtlaselt kaetud.
d) Laota kaetud pähklid ühtlase kihina ettevalmistatud ahjuplaadile.
e) Rösti pähkleid eelsoojendatud ahjus umbes 20 minutit. Ärge unustage panni pöörata ja pähkleid poole röstimisaja jooksul ühtlaseks küpsetamiseks segada.
f) Kui olete valmis, eemaldage röstitud pähklid ahjust ja laske neil täielikult jahtuda.
g) Säilitage oma chai-vürtsiga röstitud pähkleid õhukindlas anumas toatemperatuuril maitsvaks suupisteks.

## 63.Röstitud baklažaanid

**KOOSTISOSAD:**
- 3 keskmist nahaga baklažaani (suur, ümmargune, lilla sort)
- 2 spl õli
- 1 kuhjaga teelusikatäis köömneid
- 1 tl jahvatatud koriandrit
- 1 tl kurkumipulbrit
- 1 suur kollane või punane sibul, kooritud ja kuubikuteks lõigatud
- 1 (2-tolline [5-cm]) tükk ingverijuurt, kooritud ja riivitud või hakitud
- 8 küüslauguküünt, kooritud ja riivitud või hakitud
- 2 keskmist tomatit, kooritud (võimaluse korral) ja kuubikuteks lõigatud
- 1–4 rohelist Tai, serrano või cayenne'i tšillit, tükeldatud
- 1 tl punase tšilli pulbrit või Cayenne'i
- 1 spl jämedat meresoola

**JUHISED:**
a) Seadke ahjurest kõrgeimalt teise asendisse. Eelsoojendage broiler temperatuurini 500 °F (260 °C). Vooderda küpsetusplaat alumiiniumfooliumiga, et vältida hilisemat segadust.
b) Torka baklažaanisse kahvliga augud (auru eraldumiseks) ja aseta need ahjuplaadile. Keeda 30 minutit, keerates üks kord. Nahk söeneb ja mõnes piirkonnas põleb, kui need on tehtud.
Eemaldage küpsetusplaat ahjust ja laske baklažaanil vähemalt 15 minutit jahtuda. Lõika terava noaga iga baklažaani ühest otsast teise pikuti lõhe ja tõmmake see veidi lahti. Kühveldage röstitud viljaliha seest välja, vältides auru ja võimalikult palju mahla. Asetage röstitud baklažaani viljaliha kaussi – teil on umbes 4 tassi (948 ml).
c) Kuumuta sügaval ja raskel pannil õli keskmisel-kõrgel kuumusel.
d) Lisa köömned ja küpseta, kuni see säriseb, umbes 30 sekundit.
e) Lisa koriander ja kurkum. Segage ja küpseta 30 sekundit.
f) Lisa sibul ja pruunista 2 minutit.
g) Lisa ingverijuur ja küüslauk ning küpseta veel 2 minutit.
h) Lisa tomatid ja tšillid. Keeda 3 minutit, kuni segu pehmeneb.
i) Lisage röstitud baklažaanide viljaliha ja küpseta veel 5 minutit, aeg-ajalt segades, et vältida kleepumist.
j) Lisa punane tšillipulber ja sool. Siinkohal peaksite eemaldama ja ära viskama ka kõik söestunud baklažaani naha tükid.
k) Segage see segu sukelmikseris või eraldi blenderis. Ärge üle pingutage – tekstuuri peaks ikka jääma. Serveeri röstitud naaniviilude, kreekerite või tortillakrõpsudega. Saate seda serveerida ka traditsiooniliselt koos India toiduga, mis koosneb rotist, läätsedest ja raitast.

## 64.Vürtsikad bataadikotletid

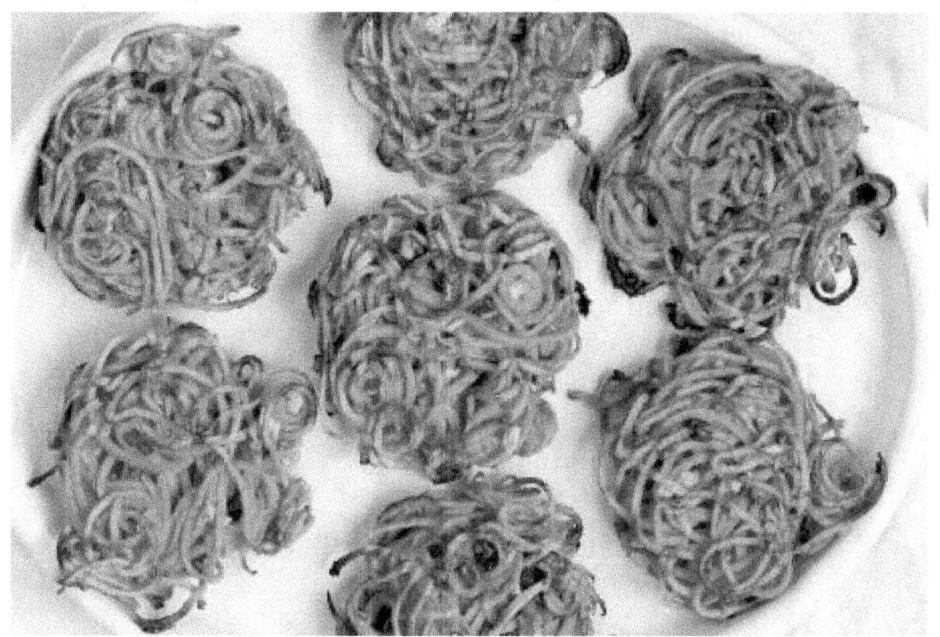

**KOOSTISOSAD:**
- 1 suur bataat (või valge kartul), kooritud ja tükkideks lõigatud
- ½-tolline (13 mm) täring (umbes 4 tassi [600 g])
- 3 supilusikatäit (45 ml) õli, jagatud
- 1 tl köömneid
- ½ keskmist kollast või punast sibulat, kooritud ja peeneks viilutatud
- 1 (1-tolline [2,5 g]) ingverijuur, kooritud ja riivitud või hakitud
- 1 tl kurkumipulbrit
- 1 tl jahvatatud koriandrit
- 1 tl garam masala
- 1 tl punase tšilli pulbrit või Cayenne'i
- 1 tass (145 g) värskeid või külmutatud herneid (esmalt sulatage)
- 1–2 rohelist Tai, serrano või cayenne'i tšillit, tükeldatud
- 1 tl jämedat meresoola
- ½ tassi (46 g) grammi (kikerherne) jahu (besan)
- 1 spl sidrunimahla
- Kaunistuseks hakitud värsket peterselli või koriandrit

**JUHISED:**

a) Aurutage kartul pehmeks, umbes 7 minutit. Lase jahtuda. Kasutage selle õrnalt purustamiseks käsi või kartulipuderit. Sel hetkel on teil umbes 3 tassi (630 g) kartuliputru.
b) Kuumuta madalal praepannil 2 supilusikatäit õli keskmisel-kõrgel kuumusel.
c) Lisa köömned ja küpseta, kuni see säriseb ja on kergelt pruunistunud, umbes 30 sekundit.
d) Lisage sibul, ingverijuur, kurkum, koriander, garam masala ja punane tšillipulber. Küpseta pehmeks, veel 2–3 minutit. Lase segul jahtuda.
e) Kui see on jahtunud, lisage segu kartulitele, seejärel herned, roheline tšilli, sool, grammjahu ja sidrunimahl.
f) Sega hästi käte või suure lusikaga.
g) Vormi segust väikesed pätsikesed ja tõsta need alusele.
h) Kuumuta suurel ja raskel pannil keskmisel-kõrgel kuumusel ülejäänud 1 spl õli. Küpseta kotleteid 2–4 partiidena, olenevalt panni suurusest, umbes 2–3 minutit mõlemalt küljelt, kuni need on pruunistunud.
i) Serveeri kuumalt, kaunistatud hakitud värske peterselli või koriandriga. Seda kotti saab süüa võileivana, salatipeenral või eelroa lõbusa lisandina. Segu säilib külmkapis umbes 3-4 päeva. Traditsioonilisema pätsi valmistamiseks kasutage bataadi asemel tavalist kartulit.

## 65.Sharoni köögiviljasalati võileivad

**KOOSTISOSAD:**
- 1 suur tomat, lõigatud paksudeks viiludeks
- 1 suur paprika, õhukeselt rõngasteks viilutatud
- 1 suur punane sibul, kooritud ja õhukesteks rõngasteks viilutatud
- 1 sidruni mahl
- ½ tl jämedat meresoola
- ½ tl musta soola (kala namak)

**JUHISED:**
a) Laota köögiviljad taldrikule esmalt tomatite, seejärel paprikate ja peale kihiti sibularõngastega.
b) Piserdage köögivilju sidrunimahla, meresoola ja musta soolaga.
c) Serveeri kohe. Esimurul istumine ja võileibade valmistamine on valikuline.

## 66. Sojajogurt Raita

**KOOSTISOSAD:**
- 1 tass (237 ml) tavalist magustamata sojajogurtit
- 1 kurk, kooritud, riivitud ja pressitud, et eemaldada liigne vesi
- ½ tl röstitud jahvatatud köömneid
- ½ tl jämedat meresoola
- ½ tl musta soola (kala namak)
- ½ tl punase tšilli pulbrit
- ½ sidruni või laimi mahl

**JUHISED:**
a)  Sega kausis kõik koostisained kokku. Serveeri kohe.

## 67. Maitsestatud tofu ja tomatid

## KOOSTISOSAD:

- 2 spl õli
- 1 kuhjaga supilusikatäis köömneid
- 1 tl kurkumipulbrit
- 1 keskmine punane või kollane sibul, kooritud ja hakitud
- 1 (2-tolline [5-cm]) tükk ingverijuurt, kooritud ja riivitud või hakitud
- 6 küüslauguküünt, kooritud ja riivitud või hakitud
- 2 keskmist tomatit, kooritud (valikuline) ja tükeldatud (3 tassi [480 g])
- 2–4 rohelist Tai, serrano või cayenne'i tšillit, tükeldatud
- 1 spl tomatipastat
- 1 spl garam masala
- 1 supilusikatäis kuivatatud lambaläätse lehti (kasoori methi), mis on nende maitse vabastamiseks kergelt purustatud
- 1 tass (237 ml) vett
- 2 tl jämedat meresoola
- 1 tl punase tšilli pulbrit või Cayenne'i
- 2 keskmist rohelist paprikat, seemnetest puhastatud ja kuubikuteks lõigatud (2 tassi)
- 2 (14 untsi [397 g]) pakki eriti tugevat orgaanilist tofut, küpsetatud ja kuubikuteks lõigatud

## JUHISED:

a) Kuumuta suurel ja raskel pannil õli keskmisel-kõrgel kuumusel.
b) Lisa köömned ja kurkum. Küpseta, kuni seemned särisevad, umbes 30 sekundit.
c) Lisa sibul, ingverijuur ja küüslauk. Küpseta 2–3 minutit, kuni see on kergelt pruunistunud, aeg-ajalt segades.
d) Lisage tomatid, tšilli, tomatipasta, garam masala, lambalääts, vesi, sool ja punane tšillipulber. Alanda veidi kuumust ja hauta kaaneta 8 minutit.
e) Lisage paprika ja küpseta veel 2 minutit. Lisa tofu ja sega õrnalt läbi. Küpseta veel 2 minutit, kuni see on läbi kuumenenud. Serveeri pruuni või valge basmati riisi, roti või naaniga.

## 68.Köömne kartulihash

## KOOSTISOSAD:

- 1 spl õli
- 1 spl köömneid
- ½ tl asafetida (hing)
- ½ tl kurkumipulbrit
- ½ tl mangopulbrit (amchur)
- 1 väike kollane või punane sibul, kooritud ja kuubikuteks lõigatud
- 1-osaline ingverijuur, kooritud ja riivitud või hakitud
- 3 suurt keedetud kartulit (mis tahes), kooritud ja kuubikuteks lõigatud (4 tassi [600 g])
- 1 tl jämedat meresoola
- 1–2 rohelist Tai, serrano või cayenne'i tšillit, varred eemaldatud, õhukesteks viiludeks
- ¼ tassi (4 g) hakitud värsket koriandrit, hakitud ½ sidruni mahl

## JUHISED:

a) Kuumuta sügaval ja raskel pannil õli keskmisel-kõrgel kuumusel.
b) Lisage köömned, asafetida, kurkum ja mangopulber. Küpseta, kuni seemned särisevad, umbes 30 sekundit.
c) Lisa sibul ja ingverijuur. Küpseta veel minut, segades, et vältida kleepumist.
d) Lisa kartulid ja sool. Sega korralikult läbi ja küpseta, kuni kartul on läbi soojenenud.
e) Vala peale tšilli, koriander ja sidrunimahl. Serveeri kõrvale roti või naaniga või besan poora või dosa sisse keeratuna. See sobib suurepäraselt köögiviljavõileiva täidisena või isegi salatitopsis serveerimiseks.

## 69.Sinepiseemnekartuli räsi

## KOOSTISOSAD:
- 1 supilusikatäis jagatud grammi (chana dal)
- 1 spl õli
- 1 tl kurkumipulbrit
- 1 tl musta sinepiseemneid
- 10 karrilehte, jämedalt tükeldatud
- 1 väike kollane või punane sibul, kooritud ja kuubikuteks lõigatud
- 3 suurt keedetud kartulit (mis tahes), kooritud ja kuubikuteks lõigatud (4 tassi [600 g])
- 1 tl jämedat valget soola
- 1–2 rohelist Tai, serrano või cayenne'i tšillit, varred eemaldatud, õhukeseks viilutatud

## JUHISED:
a) Leotage poolitatud grammi keedetud vees, kuni valmistate ülejäänud koostisosi.
b) Kuumuta sügaval ja raskel pannil õli keskmisel-kõrgel kuumusel.
c) Lisa kurkum, sinep, karrilehed ja nõrutatud poolgramm. Olge ettevaatlik, seemned kipuvad hüppama ja leotatud läätsed võivad õli pritsida, nii et võite vajada kaant. Küpseta 30 sekundit, segades, et vältida kleepumist.
d) Lisa sibul. Küpseta, kuni see on kergelt pruunistunud, umbes 2 minutit.
e) Lisage kartulid, sool ja tšillid. Küpseta veel 2 minutit. Serveeri kõrvale roti või naaniga või besan poora või dosa sisse keeratuna. See sobib suurepäraselt köögiviljavõileiva täidisena või isegi salatitopsis serveerimiseks.

## 70. Kapsas sinepiseemnete ja kookospähkliga

**KOOSTISOSAD:**
- 2 supilusikatäit terveid, kooritud musti läätsi (sabut urud dal)
- 2 spl kookosõli
- ½ tl asafetida (hing)
- 1 tl musta sinepiseemneid
- 10–12 karrilehte, jämedalt hakitud
- 2 supilusikatäit magustamata hakitud kookospähklit
- 1 keskmine peakapsas, tükeldatud (8 tassi [560 g])
- 1 tl jämedat meresoola
- 1–2 Tai, serrano või cayenne'i tšillit, varred eemaldatud, pikuti viilutatud

**JUHISED:**
a) Leota läätsed keedetud vees, et need ülejäänud koostisosade valmistamise ajal pehmeneksid.
b) Kuumuta sügaval ja raskel pannil õli keskmisel-kõrgel kuumusel.
c) Lisa asafetida, sinep, nõrutatud läätsed, karrilehed ja kookospähkel. Kuumutage, kuni seemned hüppavad, umbes 30 sekundit. Olge ettevaatlik, et mitte põletada karrilehti ega kookospähklit. Seemned võivad välja paiskuda, nii et hoidke käepärast kaas.
d) Lisa kapsas ja sool. Keeda regulaarselt segades 2 minutit, kuni kapsas lihtsalt närbub.
e) Lisa tšillid. Serveeri kohe sooja salatina, külmana või koos roti või naaniga.

## 71.Oad kartulitega

**KOOSTISOSAD:**
- 1 spl õli
- 1 tl köömneid
- ½ tl kurkumipulbrit
- 1 keskmine punane või kollane sibul, kooritud ja kuubikuteks lõigatud
- 1-osaline ingverijuur, kooritud ja riivitud või hakitud
- 3 küüslauguküünt, kooritud ja riivitud või hakitud
- 1 keskmine kartul, kooritud ja kuubikuteks lõigatud
- ¼ tassi (59 ml) vett
- 4 tassi (680 g) hakitud ube (13 mm pikk)
- 1–2 Tai, serrano või cayenne'i tšillit, tükeldatud
- 1 tl jämedat meresoola
- 1 tl punase tšilli pulbrit või Cayenne'i

**JUHISED:**
a) Kuumutage õli raskel sügaval pannil keskmisel-kõrgel kuumusel.
b) Lisa köömned ja kurkum ning küpseta, kuni seemned särisevad, umbes 30 sekundit.
c) Lisa sibul, ingverijuur ja küüslauk. Küpseta kergelt pruuniks, umbes 2 minutit.
d) Lisa kartul ja küpseta pidevalt segades veel 2 minutit. Lisage vett, et vältida kleepumist.
e) Lisa oad. Keeda 2 minutit, aeg-ajalt segades.
f) Lisa tšilli, sool ja punane tšillipulber.
g) Alandage kuumust keskmiselt madalale ja katke pann osaliselt kaanega. Keeda 15 minutit, kuni oad ja kartul on pehmed. Lülitage kuumus välja ja laske pannil kaanega samal põletil veel 5–10 minutit seista.
h) Serveeri valge või pruuni basmati riisi, roti või naaniga.

## 72.Baklažaan kartuliga

**KOOSTISOSAD:**

- 2 spl õli
- ½ tl asafetida (hing)
- 1 tl köömneid
- ½ tl kurkumipulbrit
- 1 (2-tolline [5-cm]) tükk ingverijuurt, kooritud ja lõigatud ½ tolli (13 mm) pikkusteks tikutopsideks
- 4 küüslauguküünt, kooritud ja jämedalt hakitud
- 1 keskmine kartul, kooritud ja jämedalt tükeldatud
- 1 suur sibul, kooritud ja jämedalt tükeldatud
- 1–3 Tai, serrano või cayenne'i tšillit, tükeldatud
- 1 suur tomat, jämedalt hakitud
- 4 keskmist koorega baklažaani, jämedalt tükeldatud, puitunud otstega
- 2 tl jämedat meresoola
- 1 spl garam masala
- 1 spl jahvatatud koriandrit
- 1 tl punase tšilli pulbrit või Cayenne'i
- 2 spl hakitud värsket koriandrit kaunistuseks

**JUHISED:**
a) Kuumuta sügaval ja raskel pannil õli keskmisel-kõrgel kuumusel.
b) Lisage asafetida, köömned ja kurkum. Küpseta, kuni seemned särisevad, umbes 30 sekundit.
c) Lisa ingverijuur ja küüslauk. Küpseta pidevalt segades 1 minut.
d) Lisa kartul. Küpseta 2 minutit.
e) Lisa sibul ja tšilli ning küpseta veel 2 minutit, kuni need on kergelt pruunid.
f) Lisa tomat ja küpseta 2 minutit. Sel hetkel olete oma roa jaoks aluse loonud.
g) Lisa baklažaan. (Oluline on hoida puitunud otsad, et teie ja teie külalised saaksid hiljem maitsvat lihakat keskosa välja närida.)
h) Lisage sool, garam masala, koriander ja punane tšillipulber. Küpseta 2 minutit.
i) Keera kuumus madalaks, kata pann osaliselt ja küpseta veel 10 minutit.
j) Lülitage kuumus välja, katke pann täielikult kaanega ja laske 5 minutit seista, et kõik maitsed saaksid tõeliselt seguneda.
Kaunista koriandriga ja serveeri koos roti või naaniga.

## 73.Põhiline köögiviljakarri

**KOOSTISOSAD:**
- 250 g köögivilju - hakitud
- 1 tl õli
- ½ tl sinepiseemneid
- ½ tl köömneid
- Näpista asafetida
- 4-5 karrilehte
- ¼ teelusikatäit kurkumit
- ½ tl koriandri pulbrit
- Näputäis tšillipulbrit
- Riivitud ingver
- Värsked koriandri lehed
- Suhkur/jagger ja sool maitse järgi
- Värske või kuivatatud kookospähkel

**JUHISED:**
a) Lõika köögivili olenevalt köögiviljast väikesteks tükkideks (1-2 cm).
b) Kuumuta õli ja lisa sinepiseemned. Kui need paisuvad, lisage köömned, ingver ja ülejäänud vürtsid.
c) Lisa köögiviljad ja küpseta. Sel hetkel võiksite praadida köögivilju, kuni need on keedetud, või lisada veidi vett, katta pott kaanega ja hautada.
d) Kui köögiviljad on küpsed, lisa suhkur, sool, kookospähkel ja koriander.

## 74. Masala rooskapsas

**KOOSTISOSAD:**
- 1 spl õli
- 1 tl köömneid
- 2 tassi (474 ml) Gila Masala
- 1 tass (237 ml) vett
- 4 supilusikatäit (60 ml) india pähkli koort
- 4 tassi (352 g) kärbitud ja poolitatud rooskapsast
- 1–3 Tai, serrano või cayenne'i tšillit, tükeldatud
- 2 tl jämedat meresoola
- 1 tl garam masala
- 1 tl jahvatatud koriandrit
- 1 tl punase tšilli pulbrit või Cayenne'i
- 2 spl hakitud värsket koriandrit kaunistuseks

**JUHISED:**
a) Kuumuta sügaval ja raskel pannil õli keskmisel-kõrgel kuumusel.
b) Lisa köömned ja küpseta, kuni seemned särisevad, umbes 30 sekundit.
c) Lisage Põhja-India tomatisupi puljong, vesi, india pähkli koor, rooskapsas, tšilli, sool, garam masala, koriander ja punase tšilli pulber.
d) Kuumuta keemiseni. Alanda kuumust ja hauta kaaneta 10–12 minutit, kuni rooskapsas pehmeneb.
e) Kaunista koriandriga ja serveeri pruuni või valge basmati riisi või roti või naaniga.

## 75.Peet sinepiseemnete ja kookospähkliga

**KOOSTISOSAD:**
- 1 spl õli
- 1 tl musta sinepiseemneid
- 1 keskmine kollane või punane sibul, kooritud ja kuubikuteks lõigatud
- 2 tl jahvatatud köömneid
- 2 tl jahvatatud koriandrit
- 1 tl Lõuna-India masala
- 1 supilusikatäis magustamata, hakitud kookospähklit
- 5–6 väikest peeti, kooritud ja tükeldatud (3 tassi [408 g])
- 1 tl jämedat meresoola
- 1½ [356 ml] tassi vett

**JUHISED:**
a) Kuumuta raskel pannil õli keskmisel-kõrgel kuumusel.
b) Lisa sinepiseemned ja küpseta, kuni need särisevad, umbes 30 sekundit.
c) Lisa sibul ja küpseta, kuni see on kergelt pruunikas, umbes 1 minut.
d) Lisa köömned, koriander, Lõuna-India masala ja kookospähkel. Küpseta 1 minut.
e) Lisa peet ja küpseta 1 minut.
f) Lisa sool ja vesi. Kuumuta keemiseni, alanda kuumust, kata kaanega ja hauta 15 minutit.
g) Lülitage kuumus välja ja laske pannil kaane all 5 minutit seista, et roog saaks kõik maitsed endasse imada. Serveeri pruuni või valge basmati riisi või roti või naaniga.

# 76.Riivitud Masala squash

**KOOSTISOSAD:**
- 2 spl õli
- 2 tl köömneid
- 2 tl jahvatatud koriandrit
- 1 tl kurkumipulbrit
- 1 suur kõrvits või kõrvits (sobib igasugune suvi- või suvikõrvits), kooritud ja riivitud (8 tassi [928 g])
- 1 (2-tolline [5 cm]) tükk ingverijuurt, kooritud ja tikutopsideks lõigatud (⅓ tassi [32 g])
- 1 tl jämedat meresoola
- 2 spl vett 1 sidruni mahl
- 2 supilusikatäit hakitud värsket koriandrit

**JUHISED:**
a) Kuumuta sügaval ja raskel pannil õli keskmisel-kõrgel kuumusel.
b) Lisa köömned, koriander ja kurkum. Küpseta, kuni seemned särisevad, umbes 30 sekundit.
c) Lisa squash, ingverijuur, sool ja vesi. Keeda 2 minutit ja sega hästi.
d) Kata pann kaanega ja alanda kuumust keskmisele madalale. Küpseta 8 minutit.
e) Lisa sidrunimahl ja koriander. Serveeri koos roti või naaniga või tee nagu mina ja serveeri röstitud inglise muffinil, mille peal on õhukeselt viilutatud kollase või punase sibula rõngad.

## 77. Krabisev Okra

**KOOSTISOSAD:**
- 2 spl õli
- 1 tl köömneid
- 1 tl kurkumipulbrit
- 1 suur kollane või punane sibul, kooritud ja väga jämedalt tükeldatud
- 1-osaline ingverijuur, kooritud ja riivitud või hakitud
- 3 küüslauguküünt, kooritud ja tükeldatud, hakitud või riivitud
- 2 naela okra, pestud, kuivatatud, kärbitud ja lõigatud
- 1–2 Tai, serrano või cayenne'i tšillit, tükeldatud
- ½ tl mangopulbrit
- 1 tl punase tšilli pulbrit või Cayenne'i
- 1 tl garam masala
- 2 tl jämedat meresoola

**JUHISED:**
a) Kuumuta sügaval ja raskel pannil õli keskmisel-kõrgel kuumusel. Lisa köömned ja kurkum. Küpseta, kuni seemned hakkavad särisema, umbes 30 sekundit.
b) Lisage sibul ja küpseta, kuni see on pruunistunud, 2–3 minutit. See on minu okra jaoks oluline samm. Suured tükid sibulatükid peaksid üleni pruunistuma ja kergelt karamellistuma. Sellest saab maitsev põhi viimase roa jaoks.
c) Lisa ingverijuur ja küüslauk. Keeda 1 minut, aeg-ajalt segades.
d) Lisage okra ja küpseta 2 minutit, kuni okra muutub erkroheliseks.
e) Lisa tšillipulber, mangopulber, punane tšillipulber, garam masala ja sool. Keeda 2 minutit, aeg-ajalt segades.
f) Alandage kuumust madalaks ja katke pann osaliselt. Keeda 7 minutit, aeg-ajalt segades.
g) Lülitage kuumus välja ja reguleerige kaas nii, et see kataks poti täielikult. Laske sellel 3–5 minutit seista, et kõik maitsed imenduksid.
h) Kaunista koriandriga ja serveeri pruuni või valge basmati riisi, roti või naaniga.

## 78. Maitsestatud roheline supp

**KOOSTISOSAD:**
- 2 spl õli
- 1 tl köömneid
- 2 kassia lehte
- 1 keskmine kollane sibul, kooritud ja jämedalt tükeldatud
- 1-osaline ingverijuur, kooritud ja riivitud või hakitud
- 10 küüslauguküünt, kooritud ja jämedalt hakitud
- 1 väike kartul, kooritud ja jämedalt tükeldatud
- 1–2 rohelist Tai, serrano või cayenne'i tšillit, tükeldatud
- 2 tassi (290 g) herneid, värskeid või külmutatud
- 2 tassi (60 g) pakendatud hakitud rohelisi
- 6 tassi vett
- ½ tassi (8 g) hakitud värsket koriandrit
- 2 tl jämedat meresoola
- ½ tl jahvatatud koriandrit
- ½ tl röstitud jahvatatud köömneid
- ½ sidruni mahl
- Krutoonid, kaunistuseks

**JUHISED:**
a) Kuumuta sügavas raskes supipotis õli keskmisel-kõrgel kuumusel.
b) Lisa köömned ja kassialehed ning kuumuta umbes 30 sekundit, kuni seemned särisema.
c) Lisa sibul, ingverijuur ja küüslauk. Keeda veel 2 minutit, aeg-ajalt segades.
d) Lisa kartul ja küpseta veel 2 minutit.
e) Lisa tšillid, herned ja rohelised. Küpseta 1–2 minutit, kuni rohelised on närbunud.
f) Lisa vesi. Kuumuta keemiseni, alanda kuumust ja hauta kaaneta 5 minutit.
g) Lisage koriander.
h) Eemaldage kassia- või loorberilehed ja segage blenderiga.
i) Tõsta supp tagasi potti. Lisa sool, koriander ja jahvatatud köömned. Pane supp uuesti keema. Lisa sidrunimahl.

## 79. Kartuli-, lillkapsa- ja tomatikarri

**KOOSTISOSAD:**
- 2 keskmise suurusega kartulit, kuubikuteks lõigatud
- 1 1/2 tassi lillkapsast, lõigatud õisikuteks
- 3 suurteks tükkideks hakitud tomatit
- 1 tl õli
- 1 tl sinepiseemneid
- 1 tl köömneid
- 5-6 karrilehte
- Näpista kurkumit – valikuline
- 1 tl riivitud ingverit
- Värsked koriandri lehed
- Värske või kuivatatud kookospähkel – purustatud

**JUHISED:**
a) Kuumuta õli ja lisa sinepiseemned. Kui need paiskuvad, lisage ülejäänud vürtsid ja küpseta 30 sekundit.
b) Lisa lillkapsas, tomat ja kartul ning veidi vett, kata kaanega ja hauta aeg-ajalt segades kuni valmimiseni. Lisa kookospähkel, sool ja koriandrilehed.

## 80.Vürtsidega läätsesupp

**KOOSTISOSAD:**
- 1 tass punaseid läätsi (masoor dal), pestud ja leotatud
- 1 sibul, peeneks hakitud
- 1 tomat, tükeldatud
- 1 porgand, tükeldatud
- 1 sellerivars, tükeldatud
- 2 küüslauguküünt, hakitud
- 1-tolline ingver, riivitud
- 1 tl köömneid
- 1 tl kurkumipulbrit
- 1 tl koriandri pulbrit
- 1/2 tl punase tšilli pulbrit
- Soola maitse järgi
- 4 tassi köögivilja- või kanapuljongit
- Kaunistuseks värsked koriandrilehed

**JUHISED:**
a) Kuumuta potis õli ja lisa köömned. Kui need pritsivad, lisage hakitud sibul, küüslauk ja ingver.
b) Prae, kuni sibul on läbipaistev, seejärel lisa tükeldatud tomatid, kurkumipulber, koriandripulber ja punase tšilli pulber.
c) Lisa leotatud läätsed, kuubikuteks lõigatud porgandid, seller ja sool. Sega hästi.
d) Vala peale puljong ja aja supp keema. Hauta, kuni läätsed ja köögiviljad on pehmed.
e) Enne serveerimist kaunista värskete koriandrilehtedega.

## 81.Tomati ja köömne supp

**KOOSTISOSAD:**
- 4 suurt tomatit, tükeldatud
- 1 sibul, hakitud
- 2 küüslauguküünt, hakitud
- 1 tl köömneid
- 1/2 tl punase tšilli pulbrit
- 1/2 tl suhkrut
- Soola maitse järgi
- 4 tassi köögiviljapuljongit
- Kaunistuseks värsked koriandrilehed

**JUHISED:**
a) Kuumuta potis õli ja lisa köömned. Kui need pudenevad, lisage hakitud sibul ja küüslauk.
b) Prae kuni sibul on kuldpruun, seejärel lisa tükeldatud tomatid, punane tšillipulber, suhkur ja sool.
c) Küpseta, kuni tomatid on pehmed ja pehmed.
d) Vala sisse köögiviljapuljong ja lase supp keema tõusta.
e) Enne serveerimist kaunista värskete koriandrilehtedega.

## 82. Vürtskõrvitsasupp

**KOOSTISOSAD:**
- 2 tassi kõrvitsat, tükeldatud
- 1 sibul, hakitud
- 2 küüslauguküünt, hakitud
- 1-tolline ingver, riivitud
- 1 tl köömneid
- 1/2 tl koriandri pulbrit
- 1/2 tl kaneelipulbrit
- Näputäis muskaatpähklit
- Sool ja pipar maitse järgi
- 4 tassi köögiviljapuljongit
- 1/2 tassi kookospiima
- Kaunistuseks värske koriander

**JUHISED:**
a) Kuumuta potis õli ja lisa köömned. Kui need pritsivad, lisage hakitud sibul, küüslauk ja ingver.
b) Prae, kuni sibul on läbipaistev, seejärel lisa kuubikuteks lõigatud kõrvits, koriandripulber, kaneelipulber, muskaatpähkel, sool ja pipar.
c) Keeda paar minutit, seejärel vala juurde köögiviljapuljong ja hauta, kuni kõrvits on pehme.
d) Blenderda supp ühtlaseks, tõsta potti ja sega juurde kookospiim.
e) Enne serveerimist kaunista värske koriandriga.

# 83. Vürtsikas tomati Rasam

**KOOSTISOSAD:**
- 2 suurt tomatit, tükeldatud
- 1/2 tassi tamarindi ekstrakti
- 1 tl sinepiseemneid
- 1 tl köömneid
- 1/2 tl musta pipart
- 1/2 tl kurkumipulbrit
- 1/2 tl rasami pulbrit
- Näputäis asafoetida (hing)
- karri lehed
- Kaunistuseks koriandrilehed
- Soola maitse järgi

**JUHISED:**
a) Kuumuta potis õli ja lisa sinepiseemned. Kui need pritsivad, lisage köömneid, musta pipart ja karrilehti.
b) Lisa tükeldatud tomatid, kurkumipulber, rasamipulber, asafoetida ja sool. Küpseta, kuni tomatid on pehmed.
c) Vala tamarindi ekstrakt ja aja rasam keema. Hauta paar minutit.
d) Enne serveerimist kaunista koriandrilehtedega.

## 84. Koriandri ja piparmündi supp

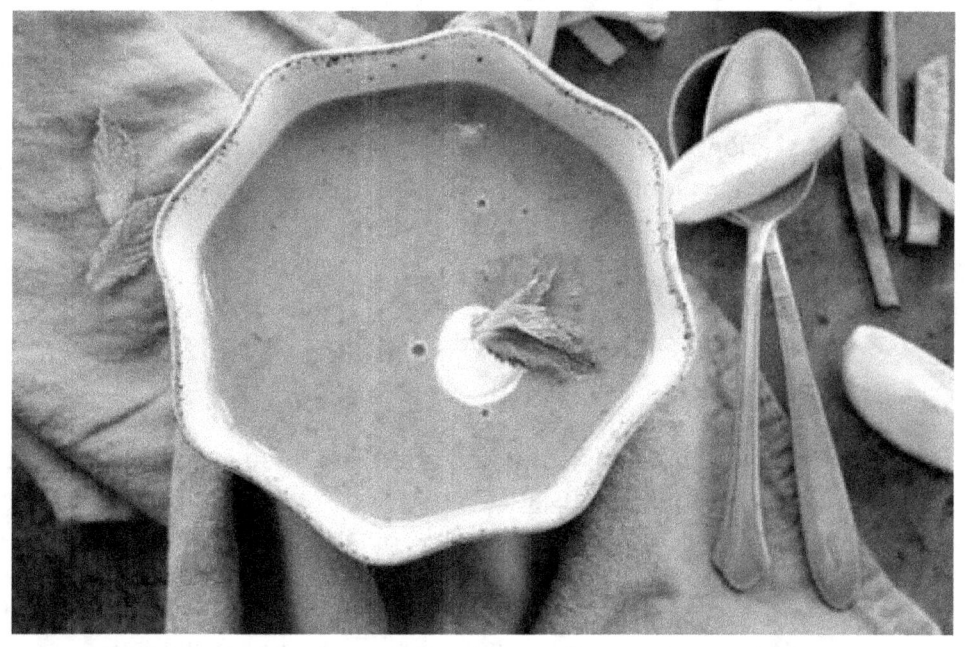

**KOOSTISOSAD:**
- 1 tass värskeid koriandri lehti
- 1/2 tassi värskeid piparmündi lehti
- 1 sibul, hakitud
- 2 küüslauguküünt, hakitud
- 1 tl köömneid
- 1/2 tl koriandri pulbrit
- 1/2 tl musta pipart
- 4 tassi köögiviljapuljongit
- Soola maitse järgi
- Serveerimiseks sidruniviilud

**JUHISED:**
a) Kuumuta potis õli ja lisa köömned. Kui need pudenevad, lisage hakitud sibul ja küüslauk.
b) Prae, kuni sibul on läbipaistev, seejärel lisa värsked koriandrilehed, piparmündilehed, koriandripulber, must pipar ja sool.
c) Keeda paar minutit, seejärel vala juurde köögiviljapuljong ja hauta, kuni ürdid on pehmed.
d) Blenderda supp ühtlaseks, tõsta potti ja vajadusel maitsesta.
e) Serveeri sidrunipigistusega.

## 85.Kõrvitsa karri vürtsikate seemnetega

**KOOSTISOSAD:**
- 3 tassi kõrvitsat – hakitud 1-2 cm tükkideks
- 2 supilusikatäit õli
- ½ supilusikatäit sinepiseemneid
- ½ supilusikatäit köömneid
- Näpista asafetida
- 5-6 karrilehte
- ¼ supilusikatäit lambaläätse seemneid
- 1/4 supilusikatäit apteegitilli seemneid
- 1/2 supilusikatäit riivitud ingverit
- 1 supilusikatäis tamarindipastat
- 2 supilusikatäit - kuiv, jahvatatud kookospähkel
- 2 supilusikatäit röstitud jahvatatud maapähklit
- Sool ja fariinsuhkur või jaggery maitse järgi
- Värsked koriandri lehed

**JUHISED:**
a) Kuumuta õli ja lisa sinepiseemned. Kui need plahvatavad, lisage köömned, lambalääts, asafetida, ingver, karrilehed ja apteegitill. Küpseta 30 sekundit.
b) Lisa kõrvits ja sool. Lisage tamarindipasta või vesi, mille sees on viljaliha. Lisa jaggery või fariinsuhkur. Lisa jahvatatud kookos- ja maapähklipulber. Küpseta veel paar minutit. Lisa värske hakitud koriander.

## 86.Tamarindi kalakarri

**KOOSTISOSAD:**
- 11/2 naela, siig, tükkideks lõigatud
- 3/4 tl ja 1/2 tl kurkumipulbrit
- 2 tl tamarindi viljaliha, leotatud 1/4 tassi kuumas vees 10 minutit
- 3 supilusikatäit taimeõli
- 1/2 tl musta sinepiseemneid
- 1/4 tl lambaläätse seemneid
- 8 värsket karrilehte
- suur sibul, hakitud
- Serrano roheline tšilli, seemnetest ja hakitud
- väikesed tomatid, tükeldatud
- 2 kuivatatud punast tšillit, jämedalt purustatud
- 1 tl koriandriseemneid, jämedalt jahvatatud
- 1/2 tassi magustamata kuivatatud kookospähklit
- Lauasool, maitse järgi
- 1 tass vett

**JUHISED:**
a) Asetage kala kaussi. Hõõruge hästi 3/4 tl kurkumiga ja jätke umbes 10 minutiks kõrvale. Loputage ja kuivatage.
b) Kurna tamarind ja pane vedelik kõrvale. Visake jääk ära.
c) Kuumuta suurel pannil taimeõli. Lisa sinepiseemned ja lambaläätseseemned. Kui need hakkavad pritsima, lisage karrilehed, sibul ja roheline tšilli. Prae 7–8 minutit või kuni sibul on hästi pruunistunud.
d) Lisa tomatid ja küpseta veel 8 minutit või kuni õli hakkab segu külgedelt eralduma. Lisa ülejäänud 1/2 teelusikatäit kurkumit, punaseid tšilli, koriandri seemneid, kookospähklit ja soola; sega hästi ja küpseta veel 30 sekundit.
e) Lisa vesi ja kurnatud tamarind; lase keema tõusta. Alanda kuumust ja lisa kala. Küpseta madalal kuumusel 10–15 minutit või kuni kala on täielikult küpsenud. Serveeri kuumalt.

## 87. Lõhe safranimaitselises karris

**KOOSTISOSAD:**
- 4 spl taimeõli
- 1 suur sibul, peeneks hakitud
- teelusikatäis ingveri-küüslaugupastat
- 1/2 tl punase tšilli pulbrit
- 1/4 tl kurkumipulbrit
- teelusikatäit koriandripulbrit
- Lauasool, maitse järgi
- 1-kilone lõhe, kondita ja
- kuubikud
- 1/2 tassi tavalist jogurtit, vahustatud
- 1 tl röstitud safranit

**JUHISED:**
a) Kuumutage suurel mittenakkuval pannil taimeõli. Lisage sibulad ja praege 3–4 minutit või kuni see on läbipaistev. Lisa ingveri-küüslaugupasta ja prae 1 minut.
b) Lisage punase tšilli pulber, kurkum, koriander ja sool; sega hästi. Lisa lõhe ja prae 3–4 minutit. Lisa jogurt ja alanda kuumust. Hauta, kuni lõhe on läbi küpsenud. Lisage safran ja segage hästi. Küpseta 1 minut. Serveeri kuumalt.

## 88.Okra karri

**KOOSTISOSAD:**

- 250g okra (naiste sõrm) – lõika ühe cm tükkideks
- 2 supilusikatäit riivitud ingverit
- 1 supilusikatäis sinepiseemneid
- 1/2 supilusikatäit köömneid
- 2 supilusikatäit õli
- Soola maitse järgi
- Näpista asafetida
- 2-3 supilusikatäit röstitud maapähklipulbrit
- Koriandri lehed

**JUHISED:**
a) Kuumuta õli ja lisa sinepiseemned. Kui need paisuvad, lisage köömned, asafetida ja ingver. Küpseta 30 sekundit.
b) Lisage okra ja sool ning segage, kuni see on keedetud. Lisa maapähklipulber, küpseta veel 30 sekundit.
c) Serveeri koriandri lehtedega.

## 89.Taimne kookoskarri

**KOOSTISOSAD:**
- 2 keskmise suurusega kartulit, kuubikuteks lõigatud
- 1 1/2 tassi lillkapsast – lõika õisikuteks
- 3 suurteks tükkideks hakitud tomatit
- 1 supilusikatäis õli
- 1 supilusikatäis sinepiseemneid
- 1 supilusikatäis köömneid
- 5-6 karrilehte
- Näpista kurkumit – valikuline
- 1 supilusikatäis riivitud ingverit
- Värsked koriandri lehed
- Soola maitse järgi
- Värske või kuivatatud kookospähkel – purustatud

**JUHISED:**
a) Kuumuta õli ja lisa sinepiseemned. Kui need paiskuvad, lisage ülejäänud vürtsid ja küpseta 30 sekundit.
b) Lisa lillkapsas, tomat ja kartul ning veidi vett, kata kaanega ja hauta aeg-ajalt segades kuni valmimiseni. Järele peaks jääma natuke vedelikku. Kui soovid kuiva karrit, siis prae paar minutit, kuni vesi on aurustunud.
c) Lisa kookospähkel, sool ja koriandrilehed.

## 90.Kapsa karri

**KOOSTISOSAD:**
- 3 tassi kapsast hakitud
- 1 tl õli
- 1 tl sinepiseemneid
- 1 tl köömneid
- 4-5 karrilehte
- Näputäis kurkumit r valikuline
- 1 tl riivitud ingverit
- Värsked koriandri lehed
- Sool maitse järgi
- Valikuline - ½ tassi rohelisi herneid

**JUHISED:**
a) Kuumuta õli ja lisa sinepiseemned. Kui need paiskuvad, lisage ülejäänud vürtsid ja küpseta 30 sekundit.
b) Kui kasutate, lisage kapsas ja muud köögiviljad, aeg-ajalt segades, kuni need on täielikult keedetud. Vajadusel võib vett lisada.
c) Lisa maitse järgi soola ja koriandrilehti.

# 91.Lillkapsa karri

**KOOSTISOSAD:**
- 3 tassi lillkapsast – lõika õisikuteks
- 2 tomatit - tükeldatud
- 1 tl õli
- 1 tl sinepiseemneid
- 1 tl köömneid
- Näpista kurkumit
- 1 tl riivitud ingverit
- Värsked koriandri lehed
- Soola maitse järgi
- Värske või kuivatatud kookospähkel – hakitud

**JUHISED:**
a) Kuumuta õli ja lisa sinepiseemned. Kui need paiskuvad, lisage ülejäänud vürtsid ja küpseta 30 sekundit. Kui kasutate, lisage sellel hetkel tomatid ja küpseta 5 minutit.
b) Lisa lillkapsas ja veidi vett, kata kaanega ja hauta aeg-ajalt segades, kuni see on täielikult küpsenud. Kui soovida kuivemat karrit, siis viimastel minutitel võta kaas pealt ja prae. Lisa kookospähkel viimastel minutitel.

## 92.Lillkapsa ja kartuli karri

**KOOSTISOSAD:**
- 2 tassi lillkapsast – lõika õisikuteks
- 2 keskmise suurusega kartulit, kuubikuteks lõigatud
- 1 tl õli
- 1 tl sinepiseemneid
- 1 tl köömneid
- 5-6 karrilehte
- Näpista kurkumit – valikuline
- 1 tl riivitud ingverit
- Värsked koriandri lehed
- Soola maitse järgi
- Värske või kuivatatud kookospähkel – purustatud
- Sidrunimahl - maitse järgi

**JUHISED:**
a) Kuumuta õli ja lisa sinepiseemned. Kui need paiskuvad, lisage ülejäänud vürtsid ja küpseta 30 sekundit.
b) Lisa lillkapsas ja kartul ning veidi vett, kata kaanega ja hauta aegajalt segades peaaegu küpseks.
c) Võta kaas pealt ja prae, kuni köögiviljad on küpsed ja vesi aurustunud.
d) Lisa kookospähkel, sool, koriandrilehed ja sidrunimahl.

## 93.Kõrvitsa karri

**KOOSTISOSAD:**
- 3 tassi kõrvitsat – hakitud 1-2 cm tükkideks
- 2 tl õli
- ½ tl sinepiseemneid
- ½ tl köömneid
- Näpista asafetida
- 5-6 karrilehte
- ¼ tl lambaläätse seemneid
- 1/4 tl apteegitilli seemneid
- 1/2 tl riivitud ingverit
- 1 tl tamarindipastat
- 2 supilusikatäit - kuiv, jahvatatud kookospähkel
- 2 supilusikatäit röstitud jahvatatud maapähklit
- Sool ja fariinsuhkur või jaggery maitse järgi
- Värsked koriandri lehed

**JUHISED:**
a) Kuumuta õli ja lisa sinepiseemned. Kui need plahvatavad, lisage köömned, lambalääts, asafetida, ingver, karrilehed ja apteegitill. Küpseta 30 sekundit.
b) Lisa kõrvits ja sool.
c) Lisage tamarindipasta või vesi, mille sees on viljaliha. Lisa jaggery või fariinsuhkur.
d) Lisa jahvatatud kookos- ja maapähklipulber. Küpseta veel paar minutit.
e) Lisa värske hakitud koriander.

## 94.Prae köögiviljad segades

**KOOSTISOSAD:**
- 3 tassi hakitud köögivilju
- 2 tl riivitud ingverit
- 1 tl õli
- ¼ tl asafetida
- 1 supilusikatäis sojakastet
- Värsked ürdid

**JUHISED:**
a) Kuumuta pannil õli. Lisa asafetida ja ingver. Prae 30 sekundit.
b) Lisage kõige kauem küpsevad köögiviljad, näiteks kartul ja porgand. Prae minut ja seejärel lisa veidi vett, kata kaanega ja hauta poolküpseks.
c) Lisa ülejäänud köögiviljad, nagu tomat, suhkrumais ja roheline pipar. Lisa sojakaste, suhkur ja sool. Kata kaanega ja hauta peaaegu küpseks.
d) Eemalda kaas ja prae veel paar minutit.
e) Lisage värsked ürdid ja jätke mõni minut, kuni ürdid segunevad köögiviljadega.

## 95.Tomati karri

**KOOSTISOSAD:**
- 250 g tomateid - hakitud ühe tolli tükkideks
- 1 tl õli
- ½ tl sinepiseemneid
- ½ tl köömneid
- 4-5 karrilehte
- Näpista kurkumit
- Näpista asafetida
- 1 tl riivitud ingverit
- 1 kartul – keedetud ja püreestatud – soovi korral – paksendamiseks
- 1 kuni 2 supilusikatäit röstitud maapähklipulbrit
- 1 supilusikatäis kuiva kookospähklit – valikuline
- Suhkur ja sool maitse järgi
- Koriandri lehed

**JUHISED:**
a) Kuumuta õli ja lisa sinepiseemned. Kui need plahvatavad, lisage köömned, karrilehed, kurkum, asafetida ja ingver. Küpseta 30 sekundit.
b) Lisage tomat ja jätkake aeg-ajalt segamist, kuni see on keedetud. Vedelama karri saamiseks võib lisada vett.
c) Lisage röstitud maapähklipulber, suhkur, sool ja kookospähkel, kui kasutate, ning kartulipüree. Küpseta veel minut. Serveeri värskete koriandrilehtedega.

## 96.Valge kõrvitsa karri

**KOOSTISOSAD:**
- 250 g valget kõrvitsat
- 1 tl õli
- ½ tl sinepiseemneid
- ½ tl köömneid
- 4-5 karrilehte
- Näpista kurkumit
- Näpista asafetida
- 1 tl riivitud ingverit
- 1 kuni 2 supilusikatäit röstitud maapähklipulbrit
- Pruun suhkur ja sool maitse järgi

**JUHISED:**
a) Kuumuta õli ja lisa sinepiseemned. Kui need plahvatavad, lisage köömned, karrilehed, kurkum, asafetida ja ingver. Küpseta 30 sekundit.
b) Lisa valge kõrvits, veidi vett, kata kaanega ja hauta aeg-ajalt segades, kuni see on keedetud.
c) Lisa röstitud maapähklipulber, suhkur ja sool ning küpseta veel minut.

## 97. Köögivilja- ja läätsekarri segu

**KOOSTISOSAD:**
- ¼ tassi toor või mung dal
- ½ tassi köögivilju - viilutatud
- 1 tass vett
- 2 tl õli
- ½ tl köömneid
- ½ tl riivitud ingverit
- 5-6 karrilehte
- 2 tomatit - tükeldatud
- Sidrun või tamarind maitse järgi
- Jaggery maitse järgi
- ½ soola või maitse järgi
- Sambhar masala
- Koriandri lehed
- Värske või kuivatatud kookospähkel

**JUHISED:**
a) Keeda toor dali ja köögivilju kiirkeetjas 15–20 minutit (1 vile) või potis.
b) Kuumuta eraldi pannil õli ja lisa köömned, ingver ja karrilehed. Lisa tomatid ja küpseta 3-4 minutit.
c) Lisa sambhar masala segu ja köögiviljade segu.
d) Keeda koos minut ja seejärel lisa tamarind või sidrun, jagger ja sool. Keeda veel 2-3 minutit. Kaunista kookose ja koriandriga

## 98. Ananassi-ingveri mahl

**KOOSTISOSAD:**
- 2 tassi ananassi tükke
- 1-tolline tükk kohalikku ingverit, riivitud
- 1 tass vett
- 1 laimi mahl
- Mesi või magusaine maitse järgi
- Jääkuubikud

**JUHISED**
a) Sega segistis ananassitükid, riivitud ingver, vesi, laimimahl ja mesi.
b) Blenderda ühtlaseks ja hästi segunevaks.
c) Maitse ja reguleeri magusust ja happesust vastavalt soovile.
d) Täida klaasid jääkuubikutega ja vala jääle ananassi-ingveri mahl.
e) Sega õrnalt ja lase paar minutit jahtuda.
f) Serveeri ananassi-ingveri mahl külmalt, et saada värskendav ja vürtsikas jook.

## 99.Passioni puuviljamahl

**KOOSTISOSAD:**
- 8-10 küpset kannatusvilja
- 4 tassi vett
- Suhkur või mesi maitse järgi
- Jääkuubikud

**JUHISED**
a) Lõika passioniviljad pooleks ja tõsta viljaliha blenderisse.
b) Lisa blenderisse vesi.
c) Segage suurel kiirusel mõni sekund, kuni viljaliha ja vesi on hästi segunenud.
d) Kurna mahl kannu, et eemaldada seemned.
e) Lisage maitse järgi suhkrut või mett ja segage hästi, kuni see on lahustunud.
f) Täida klaasid jääkuubikutega ja vala jääle passionimahl.
g) Sega õrnalt ja lase paar minutit jahtuda.
h) Serveeri passionimahla külmalt ja naudi selle troopilisi ja teravaid maitseid.

100.Tilapia Fry

**KOOSTISOSAD:**
- 2 keskmise suurusega tilapia kala, puhastatud ja soomustega
- 1 tl kurkumipulbrit
- 1 tl paprikat
- 1 tl jahvatatud köömneid
- 1 tl jahvatatud koriandrit
- 1 tl küüslaugupulbrit
- 1 tl ingveripulbrit
- 1 tl soola või maitse järgi
- Taimeõli praadimiseks
- Serveerimiseks sidruniviilud
- Värsked koriandrilehed kaunistuseks (valikuline)

**JUHISED**
a) Loputage tilapia kala külma vee all ja kuivatage paberrätikutega.
b) Sega väikeses kausis vürtsisegu saamiseks kurkumipulber, paprika, jahvatatud köömned, jahvatatud koriander, küüslaugupulber, ingveripulber ja sool.
c) Hõõruge vürtsiseguga kogu tilaapiakalale, tagades, et see kataks mõlemad pooled ja satuks kalale tehtud sisselõigetesse, et maitse paremini tungiks. Lase kalal umbes 15-30 minutit marineerida, et maitsed imbusid.
d) Kuumutage taimeõli suurel pannil või pannil keskmisel-kõrgel kuumusel.
e) Kui õli on kuum, asetage marineeritud tilapia kala ettevaatlikult pannile ükshaaval. Olge ettevaatlik, et vältida panni ülerahvastatust.
f) Prae kala umbes 4-5 minutit mõlemalt poolt või kuni need muutuvad kuldpruuniks ja on läbi küpsenud. Küpsetusaeg võib varieeruda sõltuvalt kala suurusest ja paksusest.
g) Kui kala on küpsenud, eemalda need pannilt ja nõruta paberrätikuga vooderdatud taldrikule, et eemaldada liigne õli.
h) Korrake protsessi ülejäänud kalaga, vajadusel lisades pannile veel õli.
i) Pigistage enne serveerimist kalale veidi värsket sidrunimahla, et lisada maitset. Kaunista soovi korral värskete koriandrilehtedega.

# KOKKUVÕTE

Kui me lõpetame oma maitseka teekonna läbi " Islase Kokkuraamat ", loodame, et olete kogenud saare köögi võlu ja mitmekesisust mugavalt oma köögis. Iga retsept nendel lehtedel on austusavaldus rikkalikule maitsevaibale, mis iseloomustab India, Atlandi ookeani ja Vaikse ookeani saari – ainulaadsete kulinaarsete traditsioonide, elavate koostisosade ja mere helduse tähistamine.

Olenemata sellest, kas olete maitsnud kookospähkliga kaetud karri soojust, nautinud grillitud mereandide värskust või troopiliste puuviljade magustoidu magusust, usume, et need 100 retsepti on viinud teid saare elu südamesse. Lisaks koostisosadele ja tehnikatele elagu teie köögis saareelu vaim, inspireerides teid lisama oma toidukordadele maitseid, traditsioone ja rõõmustavat vaimu, mis seda kulinaarset kogemust iseloomustavad.

Kui jätkate saareköögi mitmekesise maailma avastamist, võib " Islase Kokkuraamat " olla teie kaaslane, juhatades teid läbi India, Atlandi ookeani ja Vaikse ookeani saarte ning pakkudes maitsta kulinaarsetest aaretest, mida igal regioonil on pakkuda. Siin saate nautida saareelu elavat ja ainulaadset maitset – head isu!

www.ingramcontent.com/pod-product-compliance
Lightning Source LLC
Chambersburg PA
CBHW071334110526
44591CB00010B/1150